사람을 먼저 생각하는
문재인

청소년을 위한 문재인의 멘토링 15

사람을 먼저 생각하는
문재인

· 김옥림 지음 ·

MIRAE
BOOK

사람보다 귀한 것은 없다

인간은 '만물의 으뜸'이라는 말이 있다. 사람이 세상에서 최고라는 말로, 가장 소중한 존재라는 뜻이다.

사람은 창의력을 지니고 글을 사용하는 유일한 존재이다. 하지만 이런 이유로 사람이 가장 소중한 존재라는 것은 아니다. 사람은 자유와 평화를 사랑하고, 남을 배려하는 따뜻한 마음씨를 가진 존재이기 때문이다.

그런데 이처럼 소중한 사람들 중엔 가난하고 힘이 없어 사람대접을 받지 못하는 사람들이 많이 있다. 권력과 재화를 많이 가진 사람들 중 일부 몰지각한 사람들로부터 무시를 당하고 어려움을 겪기도 한다.

사람이 같은 사람으로부터 고통을 당하는 것처럼 슬프고 억울한 일은 없다. 사람은 서로 아끼고, 배려하고, 격려하고, 도와줄 때 가장 큰 행복을 느끼고 보람을 느낀다. 그래서 사람을 먼저 생각하는 사람은 따뜻한 마음을 갖고 있다.

문재인이 바로 그런 사람이다.

그는 늘 '사람이 먼저다'라고 말한다. 그래서 가난한 사람, 힘이 없는 사람, 소외당하는 사람을 보면 마음 아파하고 최선을 다해 도와주었다. 인권변호사가 된 것도 그렇고, 노동자들을 위해 힘써 일한 것도 다 사람을 먼저 생각하는 마음 때문이었다.

프롤로그

문재인이 대통령이 되고 싶어 했던 것은 사람을 먼저 생각하는 세상을 만들어 법 앞에 누구나 평등하고, 공정하고 행복한 나라를 만들기 위해서이다.

이 책에는 문재인의 가난했던 어린 시절, 책을 좋아하던 청소년 시절, 민주화운동에 앞장섰던 대학 시절, 사법고시에 합격하고 변호사로 활동하던 시절, 청와대에서 일하던 시절, 정치인으로 활동하던 시절 등 문재인이 지금껏 걸어온 길과 이루고 싶은 꿈이 고스란히 담겨 있다. 이 책을 읽는 것만으로도 청소년들은 바른 마음을 기를 수 있고, 사람을 먼저 생각하는 아름다운 꿈을 기르는 데도 큰 도움이 될 것이다.

　우리 청소년들이 자신의 꿈을 이루고 사람을 먼저 생각하는 참된 사람이 되어 모두 행복하게 살았으면 좋겠다.

햇살 참 고운 날
김옥림

Contents

CHAPTER 3
자신을 이기는 자가 진정으로 강한 사람이다

CHAPTER 4
열정을 멈추는 순간 미래의 꿈도 멈춘다

부록

CHAPTER 1

따뜻한 마음의 온도로
사람을 움직여라

덤덤하고 속깊은
어린 시절의 문재인

거제에 정착하다

문재인의 부모님은 거제로 오기 전 북한 흥남에서 살았다. 흥남
은 그의 선조들이 대대로 뿌리를 내리고 살던 곳이다. 선조의 숨결
이 꿈결처럼 흐르는 고향을 등지게 된 것은 한국전쟁에 의해서다.

문재인의 부모님은 흥남 철수 때 젖먹이였던 누나를 업고 배를
타고 남한으로 내려와 거제에 정착하였다. 잠시 전쟁을 피했다가
돌아갈 마음으로 변변한 준비 없이 오다 보니 모든 것이 부족하고

낯설었다.

피난살이의 어려움을 알고는 마을 사람들이 먹을 것을 나눠주기도 하고 솥과 냄비 등 생필품을 가져다주기도 했다. 문재인의 부모님은 마을 사람들의 따뜻한 인정에 힘든 피난 생활을 위로받을 수 있었다.

하지만 낯선 곳에서의 피난살이는 힘들고 어려웠다. 하루하루를 견디며 살아간다는 것은 모험과도 같았다. 그런 와중에 문재인이 태어났다.

"여보, 고생했어요."

문재인의 아버지는 사내아이가 태어나 무척 흐뭇했다. 큰집에도 아들이 없다 보니 문재인이 집안의 첫 아들이었다. 함께 피난 온 친지들과 마을 사람들도 자신의 일처럼 축복해주었다.

힘든 피난살이를 이겨내려면 무엇이든 해야만 했다.

문재인의 아버지는 포로수용소에서 일했다. 어머니는 아기를 업은 채 계란을 머리에 이고 부산으로 가서 행상을 하였다.

"계란 사세요. 싱싱한 계란 사세요!"

하루 종일 다니다 보면 다리도 아프고 허리도 아팠다. 하지만 한 푼이라도 벌기 위해 악착같이 장사를 하였다.

"우리 아기 배고프지?"

문재인의 어머니가 장사를 하는 틈틈이 아기에게 젖을 주면 아기는 기다렸다는 듯이 맛있게 젖을 먹었다. 아기를 바라보며 어머니는 흐뭇하면서도 아기가 안쓰러웠다.

문재인의 아버지와 어머니는 어린 자식들을 조금이라도 잘 먹이고 잘 가르치기 위해 열심히 일했다. 문재인도, 그의 누나도 부모님의 따스한 사랑으로 건강하게 잘 자랐다.

문재인의 부모님은 어려운 살림살이에도 한 푼 두 푼 돈을 모아 저축했다. 저축만이 살길이라고 믿었다. 그렇게 힘들게 일해서 돈을 모아 문재인이 초등학교에 입학할 나이가 되자 부산 영도로 이사를 하였다. 아이들을 가르치기 위해서는 거제보다는 부산이 여러모로 낫다는 생각에서였다.

문재인의 아버지는 함흥농고를 나와 공무원 시험에 합격해 흥남시청 농업계장을 했다. 조용한 성격에 말수가 적어 공무원이나 교사가 딱 어울렸다. 하지만 공무원 생활을 하는 동안 공산당에 입당하라고 하도 시달려서 다시는 공무원은 하지 않겠다고 결심했다. 이를 잘 알고 있던 문재인의 어머니는 선뜻 남편의 뜻대로 하라고 했다.

문재인의 아버지는 양말 공장에서 양말을 떼다가 전남지역 판매상에게 공급해주는 일을 시작했다. 장사가 성격에 잘 맞지 않았지만 가족을 생각해서 열심히 일했다. 하지만 몇 년 동안 장사를 하면서 빚만 지고 말았다. 수금이 잘 되지 않다 보니 다 빚이 되고 말았던 것이다.

그 후 문재인의 아버지 대신 어머니가 가족의 생계를 떠맡았다.

문재인의 어머니는 구호물자 옷 등을 길거리에서 팔았다.

"옷 좀 구경해보세요. 참 좋은 옷이에요."

어머니는 지나가는 사람마다 옷을 구경해보라며 말을 건넸다. 하지만 장사는 생각처럼 잘 되지 않았다.

문재인의 어머니는 가게를 시작해보았다. 다들 가난한데다가 집도 많지 않은 동네라 가게 또한 잘 되지 않았다.

가난은 일찍 철들게 한다

'옷 장사도 그렇고, 가게도 그렇고 뭘 해야 하나. 아이들은 점점 커나가는데……'

문재인의 어머니의 한숨은 날로 늘어만 갔다. 그대로 있을 수만 없어 연탄을 떼다 배달하는 일을 했다. 남자가 하기에도 힘든 일을 여자가 한다는 것은 몇 배로 더 힘든 일이었다. 하지만 어머니는 남편에게는 거들어 달라고 하지 않고, 문재인이나 동생에게 거들라고 했다.

동생은 가만히 있는데 문재인은 가끔 투덜거리며 배달을 거들었다. 혹여 배달하는 것을 친구들이 볼까봐 그런 것이었다.

그러던 어느 날이었다. 문재인이 리어카를 끌고 내리막길을 가는데 그만 뒤에서 리어카를 잡고 있던 어머니가 손을 놓치고 말았다. 어머니가 무게를 이기지 못해 순식간에 벌어진 일이었다.

"어머, 이를 어째?"

어머니는 당황해서 어쩔 줄을 몰라 했다.

"아악!" 하는 비명과 함께 문재인이 길가에 처박히고 말았다.

"재인아! 괜찮니?"

너무도 놀란 어머니는 파랗게 질린 얼굴로 아들을 일으켜 세웠다.

"어디 보자. 다친 데는?"

"괜찮아요. 무릎이 조금 아플 뿐이에요."

문재인의 무릎에서 피가 흘렀다. 보통 아이들 같으면 엉엉 울 텐데 문재인은 아픈데도 꾹 참았다. 어머니는 피를 닦아주며 말했다.

"많이 아프지? 엄마 생각해서 안 아프다고 하는 거지?"

"아니에요. 정말 괜찮아요."

문재인은 이렇게 말하며 아무렇지도 않다는 듯 씩씩하게 걸어보였다. 그제야 어머니는 마음을 놓았다. 그러나 어머니의 마음은 편치 않았다. 자신 때문에 어린 아들이 다쳤다는 생각에 크게 상심했다.

이렇게 문재인은 가끔 투덜거리기도 했지만 어머니를 생각하는 속 깊은 아이였다.

문재인이 사는 마을에는 가난한 사람들이 많았다. 미국에서 원조해준 구호물자를 마을 사람들에게 나눠주었다. 사람들은 구호물자를 받기 위해 길게 줄을 섰다. 문재인도 줄을 서서 구호물자를 받고는 했다. 구호물자 중 전지분유와 강냉이가루는 사람들에게 좋은 먹거리였다.

"손 내밀어보렴."

구호물자를 나눠주던 수녀님이 때때로 손을 내밀라고 말했다. 그러면 문재인은 작은 손을 내밀었다. 수녀님은 문재인의 손에 사탕을 쥐어주었다. 사탕은 아이들에게 참 맛있고 귀한 간식이었다.

"고맙습니다, 수녀님!"

문재인이 너무 좋아 이렇게 말하면 수녀님은 함박웃음을 지었다. 또 어느 날은 과일을 주기도 했다. 문재인은 줄을 서서 구호물자 받는 일이 싫었지만 장남으로서 자신이 해야 한다고 생각하고 언제나 자신이 구호물자를 배급받으러 갔다.

문재인의 어머니는 배급을 해주는 수녀님들이 너무 고마워 천주교 신자가 되었다. 문재인은 초등학교 3학년 때 영세를 받았다. 훗날 문재인이 결혼을 할 때 어린 시절에 다녔던 성당에서 결혼식을 올렸다.

가난한 사람들에게 먹을 것을 나눠주고 사랑으로 대해주던 수녀님들이 문재인에게는 천사와도 같았다. 어려운 사람들을 위해 봉사한다는 것은 고귀한 사랑을 나눠주는 참 아름다운 일이라는 것을 깨달았다.

가난 앞에서도 꿋꿋하기

문재인이 다니던 학교는 작은 학교였지만 피난민들이 많다 보니 아이들이 많았다. 그러다 보니 운동장 한쪽에 임시 교실을 지어 공부를 하였다. 날씨가 맑을 때는 수업을 할 수 있었지만 비가 오면 교실 바닥이 물로 흥건했다. 비가 오는 날은 공부를 할 수 없어 일찍 집으로 갔다.

1959년 9월 부산을 덮친 태풍 사라로 인해 임시 교실 지붕이 날아가는 바람에 맨땅에 앉아 공부를 하기도 했다. 그뿐만이 아니었다. 집의 지붕이 태풍에 날아가는 바람에 고생을 하기도 했다.

가난은 문재인을 힘들게 했다. 그때는 매달 학교에 '월사금'이라는 돈을 내야 했다. 나중에 '기성회비'로 이름이 바뀌었지만 그것은 수업료와 같은 것이었다. 문재인뿐만 아니라 월사금을 내지 못하는 아이들이 많았다. 담임 선생님은 돈을 내지 못하는 아이들을 일으켜 세우고 야단을 쳤다.

문재인을 비롯한 아이들은 선생님 말에 아무 말도 못하고 눈만 껌뻑거렸다. 아이들은 공연히 잘못을 한 것 같아 고개를 들지 못했다. 가난은 죄가 아니지만 아이들은 마치 큰 잘못을 한 것 같은 생각에 부끄러웠다.

담임 선생님이 야단을 친 후에도 돈을 가져오지 않으면, 수업 중에 아이들을 밖으로 내쫓았다. 교실에서 쫓겨나온 아이들은 다들 바닷가로 몰려갔다. 집에 가봐야 돈을 갖고 올 수 없다는 것을 잘 알기 때문이었다.

수업을 마칠 때까지 놀다가 학교로 와서는 집에 다녀온 것처럼 시침을 떼고 가만히 있으면 선생님이 돌아가면서 물었다. 그러면 아이들은 선생님의 물음에 하나같이 그럴 듯하게 꾸며 말했다. 이렇듯 가난은 순진한 아이들을 거짓말쟁이로 만들었다.

문재인은 학교를 졸업할 무렵에서야 월사금은 한 반 아이들이 전부 내는 것이 아니라는 것을 알았다. 한 반에서 삼분의 이만 내도 되었다.

그럼에도 불구하고 선생님이 그처럼 아이들을 야단친 것은 초과분은 선생님의 수입이 되기 때문이었다. 문재인은 너무 화가 났다. 자신의 수입 때문에 가난한 아이들을 야단치는 선생님이 이해가 되지 않았다.

또 선생님은 위생검사를 할 때, 때가 많다고 아이들을 야단을 쳐서 망신을 주기도 했다. 가난한 아이들이 목욕을 자주 할 수 없다 보니 그것은 당연한 일이었다. 그런데 그런 아이들의 마음을 헤아려 주지는 못할망정 아이들 앞에서 창피를 주는 선생님을 보면 문재인의 가슴속에서는 반발심이 일곤 했다.

가난한 아이들이 겪는 설움은 이것만이 아니었다.

점심시간에 도시락을 싸올 수 없는 아이들에게 강냉이 떡이나 강냉이 죽을 급식하였는데, 급식을 하는 그릇이 없다 보니 도시락 싸온 아이들의 도시락 뚜껑을 빌려 강냉이 죽을 먹었다. 뚜껑이 부족할 땐 한 아이가 먹고 나면 그 뚜껑에 강냉이 죽을 받아 먹었다. 문재인은 그 모습을 보며 생각했다.

'학교에서 그릇을 마련해주거나 집에서 그릇을 가져오라고 하면

될 텐데⋯⋯.'

문재인의 생각에는 '어린이인 나도 그렇게 생각하는데 어떻게 선생님들은 어른인데도 그런 생각을 하지 못하는 걸까' 하는 속상함이 배어 있었다.

문재인은 하고 싶은 것도 많고, 갖고 싶은 것도 많았지만 부모님에게는 말하지 않았다. 가난 때문에 허덕이는 부모님의 마음을 아프게 하고 싶지 않아서였다. 자신이 직접 만들어서 딱지치기도 하고, 팽이도 자신이 직접 만들고, 자치기도 직접 만들었다. 연도 마찬가지였다.

그러던 어느 날 자치기용 자를 만들다 그만 실수로 왼손 집게손가락 손톱이 삼분의 일이나 잘려나가는 사고가 나고 말았다. 엄청나게 아프고 피가 많이 났지만 꾹 참고 머큐로크롬(소독약의 한 종류)

사람을 먼저 생각하는 문재인

을 발랐다. 지금이라면 당장 병원으로 가서 바늘로 꿰맬 만큼 큰 상처였지만 부모님에게 걱정을 끼치고 싶지 않았다.

가난은 계속되었다. 중학교, 고등학교, 대학 때까지 가난은 문재인을 그림자처럼 따라 다녔다. 문재인은 가난은 불편할 뿐 부끄러운 일이 아니라는 것을 잘 알았다. 그래서 가난 앞에 주눅 들거나 자신을 비참하다고 생각하지 않았다. 언제나 꿋꿋하게 생활했다.

문재인이 어린 시절 나이에 비해 생각이 깊었던 것이나 어른이 되어서도 검소하게 생활하는 것은 가난이 가르쳐준 생생한 교훈에 의해서다.

문재인이 그랬듯이 가난을 이겨낸 사람들에게는 한 가지 공통점이 있다. 가난을 원망하거나 부모님을 미워하지 않았다. 자신 앞에 주어진 하나의 과제라고 여겼다. 과제를 하듯 가난을 받아들였고, 그 어떤 순간에도 가난 앞에 무릎 꿇지 않았다.

세계 최고의 고전으로 평가받는 《돈키호테》의 작가 세르반테스는 가난으로 인해 참가했던 전쟁에서 팔을 다치고, 믿었던 사람의 배신으로 감옥에 갇히는 등 최악의 순간에도 좌절하지 않고 소설을 써서 마침내 최고의 작가가 되었다.

미국 건국의 아버지의 한 사람으로 존경받는 벤자민 프랭클린은 어린 나이에 인쇄공을 하면서도 꿈을 키운 끝에 피뢰침을 만든 발명가로, 미국의 정치가로, 미국 건국의 아버지로 추앙받는 역사적인 인물이 되었다.

"가난은 사람을 현명하게도 처절하게도 만든다."

독일의 시인이자 극작가인 베르톨트 브레히트가 한 말로 가난을 불평하지 않고 극복하여 자신이 원하는 삶을 살면 현명한 사람이지만, 가난을 불평하고 원망하다 끝내 초라한 삶으로 끝낸다면 불행한 사람 그 자체라는 의미이다.

현명한 삶을 살고 싶다면 그래서 행복한 내가 되고 싶다면, 당당히 가난과 맞서 꿋꿋하게 이겨내야 한다. 가난을 이기는 순간 자신의 꿈도 활짝 열리게 될 것이다.

사람을 먼저 생각하는 문재인

가난은 사람을 힘들게 한다. 하지만 가난 앞에 불평하지 말아야 한다. 불평해 봐야 가족은 물론 자신을 힘들게 할 뿐이다.

가난을 이기는 것은 가난에 지지 않는 것이다. 가난에 지는 순간 가난의 그림자에 쌓여 자신의 능력을 소멸시킬 수 있다.

문재인은 가난 속에서도 기가 꺾이거나 주눅 들지 않았다. 가난은 단지 가난이라고 여겼다. 이런 마음은 문재인을 담대하게 했고, 언제나 꿋꿋하게 자신을 이겨내게 했다.

가난은 부끄러운 것이 아니다. 정말로 부끄러운 것은 가난을 창피하다고 여기는 것이다.

나도 할수있다는
강한 신념을 기르기

신념은 의지의 비타민이다

"신념은 아직 보지 못한 것을 믿는 것이며, 그 신념에 대한 보상
은 믿는 것을 보게 된다는 것이다."

신학자이자 주교인 아우구스티누스가 한 말로 신념이란 지금은
없지만 있다고 믿는 확신을 말한다. 그리고 그렇게 믿고 실천으로
옮기는 것 또한 신념이다. 신념의 대가로 자신이 원하는 것을 이루
게 된다는 의미이다.

신념은 '의지의 비타민'이라고 할 수 있다. 신념이 강할수록 의지 또한 강해지기 때문이다. 여기서 신념을 '정신적인 것'이라고 한다면 의지는 '실천적 행위'를 뜻한다. 그래서 신념이 강하면 의지 또한 강한 것이다.

문재인은 평범한 어린 시절을 보냈다. 키도 작고 몸도 약했다. 내성적인데다가 말수가 적어 선생님의 관심을 받아본 적도 없었다. 공부도 별로 잘 하지 못했다. 5학년이 될 때까지 통지표에 '수'는 드물고 대부분 '우'나 '미'였다. '양'도 있었다.

가, 나, 다로 표시하는 행동 발달 상황도 그저 그랬다. 하지만 6학년이 되자 문재인은 달라지기 시작했다. 그때는 중학교도 입학시험을 보던 시절이었다.

"한눈팔지 말고 공부에만 집중하거라."

학교에서는 늦게까지 아이들을 공부시켰다. 좋은 중학교에 학생들을 많이 합격시킬수록 학교와 선생님들이 좋은 평가를 받기 때문이었다.

시험도 매일 쳤고 모의 입학시험도 수시로 보았다. 그렇게 4개월을 공부하자 문재인의 성적은 몰라보게 좋아졌다.

하루는 담임 선생님이 문재인을 불러 말했다.

"재인아, 너 이렇게만 공부하면 좋은 중학교에 합격할 거야."

문재인은 담임 선생님의 뜻밖의 칭찬에 자신도 잘할 수 있다는 자신감을 갖게 되었다.

그리고 문재인은 공부 잘하는 아이들은 5학년만 되면 담임 선생님으로부터 과외 수업을 받는다는 것을 알게 되었다. 담임 선생님이 자신에게 그렇게 말한 것은 너도 과외 수업을 받으라는 말이었다.

그러나 문재인은 집에 가서 아무 말도 하지 않았다. 말해봐야 아무런 소용이 없다는 것을 잘 알았다. 괜히 부모님 마음만 아프게 할 뿐이라는 것을.

문재인은 두 주먹을 불끈 쥐고 다짐했다.

'지금부터 열심히 하는 거야. 나 혼자 열심히 공부해서 좋은 중학교에 들어가야지.'

이렇게 결심하자 자신감이 넘쳐났다.

공부를 열심히 하는 만큼 성적은 날로 좋아졌다.

하지만 입학시험은 공부만 잘해서 되는 것은 아니었다. 체육은 실기시험이었고, 음악과 미술은 필기시험이었다. 음악은 제대로 배운 적이 없어 계명을 외워서 시험을 보았다. 체육시험은 달리기, 넓이뛰기, 던지기, 턱걸이였는데 다른 건 자신이 있었지만 턱걸이는 자신이 없었다.

"턱걸이를 잘 하려면 몸이 유연해야 해. 그러기 위해서는 식초를 먹어. 그러면 몸이 유연해진대."

턱걸이에 자신 없어 하는 문재인을 보고 친구가 말했다. 친구의 말을 듣고 집으로 온 문재인은 부엌에 있는 식초를 한 모금 입에 넣었다. 그런데 맛이 이상했다. 보통 식초 맛이 아니었다. 입안이 막 화끈거렸다,

"어, 맛이 왜 이래?"

순간 입에 물고 있던 것을 뱉어냈다. 입술과 입 안, 식도가 부풀어 올라 며칠 동안 큰 고생을 했다.

문재인이 마신 것은 식초가 아니라 빙초산이었다. 빙초산은 산성이 너무 독하고 강해 물에 섞어 식초처럼 사용한다. 그런데 그걸 그대로 마셨으니 자칫하면 큰일 날 뻔했다.

중학교 입시 날이 다가오자 문재인의 결심은 더욱 확고해졌다.

'반드시 경남중학교에 합격하고 말 테다. 그래서 아버지 어머니를 기쁘게 해드려야지.'

경남중학교는 부산에서 최고의 명문 중학교였다. 문재인은 그동안 공부했던 것을 몇 번이고 반복하여 살펴보면서 꼼꼼하게 점검하였다.

마침내 입시 날이 되었다. 문재인은 시험장으로 향했다. 시험장에는 많은 아이들이 북적대고 있었다. 문재인은 수험표에 적혀 있는 교실로 들어갔다. 그리고 자신의 수험번호가 붙어 있는 자리에 앉았다. 시작종이 울리고 시험지를 나누어 주었다.

'그동안 공부했던 대로만 하는 거야.'

이렇게 생각하는 문재인의 얼굴엔 굳은 의지가 넘쳐났다.

교실은 쥐죽은 듯 조용했다. 사각사각 연필소리만 작은 벌레 울음소리처럼 들릴 뿐이었다. 문재인은 문제를 다 풀고 나서 다시 한번 꼼꼼히 검토한 후 제출하였다.

종소리와 함께 마지막 시험이 끝났다.

'드디어 끝났다.'

문재인은 속으로 중얼거리며 밖으로 나왔다.

집으로 돌아오는 문재인의 발걸음은 그 어느 때보다도 가벼웠다.

여러 날이 지나고 합격자 발표가 났다. 합격이었다.

문재인의 초등학교에는 합격자가 몇 명 되지 않았다.

"재인아, 축하한다."

선생님들은 학교의 기쁨이라며 싱글벙글하였다.

소식을 들은 부모님도 매우 기뻐하였다.

"재인아, 애썼다."

말수가 많지 않은 문재인의 아버지는 매우 흐뭇한 얼굴로 아들을 칭찬했다. 어머니는 더 말할 것도 없이 기뻐했다. 소식을 들은 이웃 사람들도 하나같이 자신의 일처럼 기뻐했다. 문재인도 자신이 큰일을 해낸 듯 가슴이 뿌듯하였다.

문재인의 아버지는 아들을 데리고 국제시장 교복맞춤집에 가서 교복을 맞춰주었다.

"아드님이 경남중학교에 합격했군요."

"네. 그렇습니다."

"그 어려운 학교에 합격하다니, 정말 축하합니다."

"감사합니다."

교복집 사장의 축하한다는 말에 문재인의 아버지는 아들을 자랑스러워하였다. 문재인은 아버지가 흐뭇해하는 모습에 참 기뻤다. 태어나서 처음으로 아버지를 기쁘게 한 자신이 스스로도 참 대견스러웠다.

신념을 습관화하기

문재인의 신념은 커갈수록 더욱 견고해졌다. 고등학교 때는 물론이고 대학에 들어가서는 더욱 확고해졌다. 그가 민주화운동을 하게 된 것도 자신에 신념에 의해서다. 그로 인해 학교에서 제적당하고 구속되고 강제로 군대에 보내졌지만 추호도 후회하지 않았다. 자신의 신념에 따라 한 정당한 행위라는 게 그의 생각이었다.

문재인은 군대를 제대하고 고시공부를 하는 등 자신에게 주어진 일에 최선을 다했다. 사법고시에 합격하였지만 시위 전력으로 인해 판사 임용에서 제외되자 미련 없이 변호사의 길로 나섰다. 검사는 할 수 있었지만 자신의 성격에 맞지 않는다는 이유에서였다.

편히 갈 수 있는 길을 버리고 인권변호사가 된 것도 자신의 신념에 의해서다. 문재인은 가난한 사람, 고통받는 사람들을 위해 자신의 능력을 쏟아 부었다. 그것 또한 사람을 소중히 생각하는 자신의 신념에 의해서다.

문재인은 자신이 하고자 마음먹으면 주저하지 않고 즉시 실행에 옮겼다. 아무리 생각이 좋고 뜻이 바르다고 할지라도 실행하지 않으면 아무런 의미가 없기 때문이다.

미국의 탁월한 심리학자 윌리엄 제임스는 이렇게 말했다.

"우리가 계획한 사업을 시작하는 데 있어서의 신념은 단 하나이다. 지금 그것을 하라. 이것뿐이다."

윌리엄 제임스의 말처럼 하고자 마음먹은 것은 지금 당장 시작해야 한다. 신념이란 이처럼 자기가 하고자 하는 것을 머뭇거리지 않고 해내는 굳은 마음을 말한다. 신념이 강한 사람이 자신의 일을 잘 해내는 것은 자기 확신이 강하기 때문이다.

자기 확신이 강한 사람은 스스로에게 늘 이렇게 말한다.

"나는 이 일을 충분히 해낼 수 있어."

"나는 어떤 일이 있어도 반드시 이 일을 해낼 거야."

문재인은 늘 '나는 이 일을 해낼 수 있어. 나는 반드시 해내고야 말겠어.'라고 스스로에게 강한 확신을 심어주었다.

자신의 일을 성공적으로 잘 해내는 사람들은 자기 확신이 강하다는 공통점을 가지고 있다. 이 말을 달리 하면 신념이 강하다는 것을 말한다.

그렇다면 어떻게 해야 신념을 강화시킬 수 있을까. 그것은 신념을 습관화하는 것이다. 신념이 습관화되면 어떤 상황에서도 두려워하지 않고 잘 해낼 수 있게 된다.

신념을 습관화하는 다섯 가지 법칙

첫째, 스스로에게 정직해야 한다. 자신이 스스로 한 약속을 반드시 지키는 자세가 필요하다.

둘째, 반드시 실천적인 의지가 따라야 한다. 자신이 무언가를 하겠다고 결심했다면 무슨 일이 있어도 절대 포기하지 말고 꾸준히 밀고 나가야 한다.

셋째, 신념 앞에 그 어떤 불신도 품지 말아야 한다. 자신을 믿지 못하면 신념을 기를 수 없다.

넷째, 신념은 자신에 대한 믿음이자 확신이다. 자신을 사랑하고 자신을 존중하는 마음을 가져라. 그렇게 하면 자신을 중요하게 생각하게 됨으로써 신념을 기르는 일에 최선을 다하게 된다.

다섯째, 신념이 강한 사람들을 롤모델로 삼아 그가 했던 대로 따라서 해보면 신념을 습관화하는 데 큰 도움이 된다. 그들은 신념을 기르는 데 아주 훌륭한 '신념 교과서'이기 때문이다.

한 가지 명심해야 할 것은 신념을 습관화하는 일은 생각처럼 쉽지 않다는 것이다. 많은 인내가 필요하다. 조금 해보다 힘들다고 포기한다면 절대로 신념을 습관화할 수 없다.

약이 입에 쓰지만 몸에는 좋듯 어려움을 이겨내는 것은 매우 힘들다. 하지만 신념을 습관화하면 자신의 꿈을 이루는 데 아주 큰 자산이 된다. 문재인이 성공한 인물이 될 수 있었던 것은 가난 속에서도, 여러 어려움 가운데서도 포기하지 않고 자신을 이겨냈기 때문이다.

문재인은 어려운 가정 형편 속에서도 자신의 꿈을 향해 힘차게 나아갔다. 굳은 신념과 강철 같은 의지가 그를 탄탄하게 받쳐주었기 때문이다.

신념은 어떤 일을 하든지 강한 확신을 심어준다. 자신을 스스로 믿는 마음을 자기 확신이라고 하는데, 자신을 사랑하고 존중하는 마음은 자기 확신을 기르는 데 큰 도움이 된다.

신념을 강하게 하기 위해서는 '신념을 습관화' 해야 한다.

신념이 강한 사람들을 롤모델로 삼아 그가 했던 대로 따라서 해보면 신념을 습관화하는 데 큰 도움이 된다. 그들은 신념을 기르는 데 아주 훌륭한 '신념 교과서'이기 때문이다.

견고한 마음과
깊은 생각은
풍부한 독서력에서 온다

독서의 다양한 유익함

　'책은 가장 훌륭한 스승이다.'라는 말이 있다. 그만큼 독서의 영향이 지대함을 말한다. 독서를 통해 지식과 인격을 기를 수 있다. 마치 스승의 가르침을 통해 지식과 인품을 기르는 것과 같은 의미를 지닌다. 이런 관점에서 책은 훌륭한 '스승'으로서의 가치를 지니는 것이다.

독서의 유익함은 다양하다. 이를 살펴보는 것만으로도 책을 왜 읽어야 하는지를 알게 됨으로써 독서력을 키우는 데 큰 도움이 된다.

첫째, 생각을 키우는 '지적 비타민'이다.

육체의 근육이 탄탄해야 건강하듯 생각의 근육이 탄탄해야 한다. 생각의 근육이 탄탄하면 창조적인 상상력을 발휘하게 되고, 그 어떤 일에도 흔들림 없는 탄탄한 마음을 갖게 된다. 아무리 뛰어난 창조적인 상상력을 지녔다 하더라도 마음이 탄탄하지 못하면 의지가 약해 좋은 결과를 이룰 수 없다. 마음이 탄탄하지 못하면 조금만 힘들어도 쉽게 포기하기 때문이다.

미래를 알 수 없는 자신만의 꿈의 바다를 헤쳐 나가기 위해서는 생각의 근육을 탄탄하게 키워야 한다.

둘째, 마음을 맑게 순화해준다.

시집이나 에세이, 소설은 정서를 기르는 데 매우 유익하다. 지치고 힘들 때, 마음이 메마를 때 한 권의 좋은 책은 지친 마음과 몸을 다스리는 데 큰 도움이 된다. 독서를 많이 한 사람은 마음이 따뜻하고 배려심이 뛰어나다. 독서를 통해 정서를 풍부하게 기를 수 있었기 때문이다.

셋째, 글쓰기 능력을 기르는 데 효과적이다.

독서는 논리력을 길러주고, 문장력을 길러준다. 생각이 잘 정리되고 문장력을 갖추게 되면 글쓰기를 하는 데 매우 효과적이다. 글을 잘 쓰고 싶다면 먼저 읽는 것부터 해야 한다. 읽게 되면 생각하게 되고, 느끼게 됨으로써 자신만의 생각을 표현하는 데 큰 도움이 된다.

넷째, 집중력을 길러준다.

책은 집중력을 길러주는 중요한 매개체이다. 책을 집중해서 읽으면 몰입도가 좋아지게 됨으로써 자연히 집중력을 기를 수 있다. 독서를 즐겨하는 사람이 집중력이 좋은 것은 독서가 가져다 준 긍정적인 결과이다.

몸을 건강하게 하기 위해 골고루 영양분을 섭취해야 하듯 생각의 근육을 탄탄하게 하기 위해서는 다양한 분야의 폭넓은 독서를 해야 한다.

그러면 어떤 책을 읽어야 할까. 독일의 철학자 프리드리히 니체는 다음과 같이 말했다.

"우리가 읽어야 할 책이란, 읽기 전과 읽은 후 세상이 완전히 달라 보이는 책이다. 또한 우리를 이 세계의 저편으로 인도해 주는 책, 읽는 것만으로도 우리의 마음이 맑게 정화되는 책, 새로운 지혜와 용기를 선물하는 책, 사랑과 미에 대해 새로운 변화를 이끌어내고, 새로운 관점을 제시하는 책이다."

니체의 말에서 보듯 자신을 새롭게 변화시키는 데 도움을 주는 책, 자신의 발전에 도움을 줄 수 있는 책, 꿈을 길러주는 책, 정서를 맑게 해주는 책, 인격을 길러주는 책은 많이 읽으면 읽을수록 좋다.

책을 많이 읽는 사람은 지식이 풍부하고, 의식 수준이 높다. 그러나 책을 읽지 않는 사람은 지식이 얕고 의식 수준이 낮다. 책은 단순한 책이 아니다. 책은 모든 지식의 집합체이며, 생각을 길러주고 마음을 맑게 정화시키는 정서의 샘이다. 특히, 책은 지식을 쌓는 데 있어 훌륭한 도구와 같다. 왜냐하면 남이 힘들게 연구하고 노력해서 쓴 지식을 쉽게 자신의 것으로 만들 수 있기 때문이다. 이에 대해 고대 그리스 철학자 소크라테스는 다음과 같이 말했다.

"남의 책을 읽는 데 시간을 보내라. 남이 고생한 것에 의해 쉽게 자기를 개선할 수 있다."

참 적확한 지적이다. 책은 가장 적은 비용으로, 어느 곳에서나 쉽게 가장 훌륭한 지식을 배울 수 있는 위대한 스승이다.

문재인의 독서력

학창 시절 문재인은 학교 도서관에서 보내는 시간이 많았다. 아이들은 학교를 마치면 학원이나 과외를 받으러 갔지만 자신은 그럴 수 없어 그 시간을 도서관에서 보냈기 때문이다.

문재인이 책을 좋아하게 된 것은 아버지 덕분이었다. 문재인의 아버지는 장사를 다녔는데 장사를 마치고 집으로 올 때는 꼭 아들이 읽을 만한 책을 사 가지고 왔다. 대개가 안데르센 동화집, 강소천 동화집 등 동화책과 위인전이었다. 문재인은 아버지가 다음 책을 사 가지고 올 때까지 읽은 책을 두 번이고 세 번이고 반복해서 읽었다. 문재인은 책을 읽을 때가 가장 행복했다. 동화책을 읽다 보면 마치 자신이 책 속의 주인공이 된 것 같았다. 그리고 위인전을 읽다 보면 자신도 훌륭한 위인이 되고 싶었다.

아버지가 장사를 그만두면서 책을 사오는 일도 끝이 났다. 그러자 문재인은 늘 책 읽기에 굶주렸다. 문재인은 새 학년이 되면 자신의 책은 물론 세 살 많은 누나의 책까지 모두 읽었다.

그러다 중학교에 입학하면서 자연스럽게 도서관을 이용하게 된 것이다. 거기다 친구들이 학원 수업이나 과외를 받는 동안 자신은 도서관에서 책을 읽었다.

도서관은 문재인에게는 천국이었다. 문재인은 날마다 도서관에서 살다시피 했다. 집으로 돌아오기 전에는 의자 정리를 하기도 했다.

책 읽는 습관은 고등학교에 가서도 계속 이어졌다. 우리나라 소설은 물론 외국 소설을 닥치는 대로 읽었다. 또한 자신이 읽을 만한 책은 그것이 어떤 책이든 읽었다. 그리고 아버지가 즐겨 읽는《사상계》같은 잡지도 읽었다.

문재인은 다양한 책 읽기를 통해 세상을 알게 되었고, 자신만의 생각과 사회의식도 기르게 되었다.

문재인은 세계를 여행하는 꿈을 갖게 되었는데 중학교 때 김찬삼 교수의《세계일주 무전여행기》를 읽고 나서다.

훗날 많은 여행을 하지는 못했지만 네팔을 여행하고, 실크로드(중국 장안에서 로마까지 이어지는 동서양 교역로로 '비단길'이라는 뜻이다) 여행과 인도의 트레킹(비교적 장기간에 걸친 산길에서의 도보 여행)을 하였는데 이는 어렸을 때부터 가졌던 여행의 꿈을 실현하기 위한 것이었다.

독서를 너무도 좋아하다 보니 공부를 전보다 소홀히 하게 되었지만 부모님은 야단을 치거나 간섭하지 않았다.

문재인은 책뿐만 아니라 신문도 즐겨 읽었다. 아버지가 신문을 읽고 나면 자신이 읽었는데 어려운 한자가 섞여 있어 읽기가 불편했다. 그래도 꾹 참고 읽었다. 그렇게 꾸준히 읽다 보니 앞뒤 문장의 흐름을 따라 자연히 한자도 익히게 되었다.

문재인은 많은 독서를 하느라 공부하는 데 다소 소홀했지만 고등학교 입시를 앞두고는 열심히 공부하였다. 문재인의 집중력은 놀라웠다. 그가 한번 공부에 빠지면 마치 진공청소기가 먼지를 빨아들이듯 머릿속에는 지식이 차곡차곡 쌓였다.

문재인은 부산고등학교와 함께 명문으로 이름난 경남고등학교를 수석으로 들어갔다. 문재인은 열심히 공부를 하면서도 책 읽기를 즐겨하였다.

문재인은 어른이 되어서도 또 나이가 들어서도 손에서 책을 놓지 않는다. 그에게 있어 책은 마치 친구와 같은 존재이다.

문재인은 《사람이 먼저다》, 《대한민국이 묻는다》, 《운명에서 희망으로》 등의 책을 썼는데, 책을 쓸 수 있었던 힘은 어린 시절부터 해왔던 풍부한 독서에 있다. 책은 인류문명사에서 가장 획기적인 발명품이라고 할 수 있다. 문재인이 사회의식을 기르고, 책을 쓰고, 자기만의 철학을 갖게 된 것은 풍부하고 다양한 독서력에 있다.

독서는 선택이 아니라 삶이다

책은 읽어도 그만, 안 읽어도 그만이라고 여기는 청소년들이 있다. 게임하는 시간은 있어도 책 읽는 시간은 없다고 하는 청소년은 무엇이 중요한지를 잊은 듯하다. 책은 내가 읽고 싶다고 해서 읽고, 읽기 싫다고 해서 안 읽어도 되는 선택의 문제가 아니다. 당연한 나의 과제라고 생각해야 한다. 독서는 건강을 위해 밥을 먹는 것처럼, 우리의 정신건강을 위해 반드시 읽어야 하는 것이기 때문이다.

독서는 단순한 책 읽기가 아니다. 삶을 변화시키고 발전시킬 뿐만 아니라, 사람답게 사는 길을 가르쳐주는 지혜의 길이다. 이에 대해 프랑스 계몽사상가 몽테스키외는 다음과 같이 말했다.

"나는 재산도 명예도 권력도 다 가졌으나, 생애 중 가장 행복했던 순간은 독서를 통하여 얻었다. 독서처럼 값싸고 영속적인 쾌락은 없다."

이 말에서 보듯 독서는 재산과 명예, 권력으로는 누릴 수 없는 깊고 충만한 행복을 준다. 독서를 통해 기쁨과 행복을 경험해본 청소년은 이를 잘 알 것이다.

책 읽기의 즐거움으로 자신의 삶을 바꾼 이들이 있다.

간서치(책만 읽는 바보)로 잘 알려진 조선시대 정조 때 정치가인 이덕무는 무려 이만 권이 넘는 책을 읽었다. 그는 서자임에도 그를 아끼는 정조 임금에 의해 규장각 검서관이 되었다.

또 위나라 상림은 밭을 갈면서도 책을 읽었으며, 당나라 이밀은 쇠뿔에 한서라는 책을 걸어놓고 꼴을 먹이면서도 책을 읽었다고 한다. 홍경래는 유배지에서 기름이 없어 불을 켤 수 없어 책을 읽지 못하자 먼동이 트기만을 기다려, 창 아래에 서서 여명의 빛으로 14년간 책을 읽었다고 한다.

조선시대 시인 김득신은 《백이전》을 가장 좋아해 1억 1만 3천 번이나 읽어 자신의 서재를 '억만재'라고 지었다고 한다.

그런데 한 가지 재밌는 사실은 김득신은 머리가 나빠 열 살 때 글을 배웠으나, 같은 글도 알 때까지 반복하여 읽음으로써 그 뜻을 깨우쳤다고 한다. 그가 뛰어난 시인이 되고 늦은 나이에 벼슬길에 오를 수 있었던 것은 끊임없이 읽고 또 읽은 결과였다.

김득신은 후세 사람들에게 이렇게 말했다.

"재주가 남만 못하다고 한계를 짓지 마라. 나보다 미련하고 둔한 사람도 없겠지만 결국에는 이룸이 있었다. 모든 것은 힘쓰는 데 달려 있을 따름이다."

김득신의 말은 자신의 경험을 통해 모르는 문장도 자꾸 반복해서 읽게 되면 깨우치게 된다는 것을 말한다.

또 중국 북송시대의 시인이자 문장가인 소식이 말하기를 "만권의 책을 읽으면 신의 경지에까지 이른다."고 했다. 이는 책을 많이 읽으면 읽을수록 세상의 이치를 훤히 깨칠 수 있다는 말이다.

책을 많이 읽는 사람은 당할 재간은 없다. 그의 머릿속에는 수많은 지혜가 들어있기 때문이다.

좋은 책은 훌륭한 사람들과 교류하는 것과 같아, 좋은 책을 많이 읽으면 훌륭한 사람들을 많이 아는 것과 같다. 이에 대해 프랑스 철학자인 데카르트는 이렇게 말했다.

"좋은 책을 읽는다는 것은 과거의 가장 훌륭한 사람들과 대화하는 것이다."

또한 좋은 책은 가장 훌륭한 벗이기도 하다. 영국의 정치가인 필립 체스터필드는 "가장 훌륭한 벗은 가장 좋은 책이다."라고 했다. 그리고 우리 민족의 영웅 안중근은 "하루라도 책을 읽지 않으면 입에 가시가 돋는다."라고 말했다.

이처럼 책 읽기는 아무리 강조해도 부족함이 없다.

독서를 습관화하기

어른이 되어서도 책을 즐겨 읽는 사람은 어린 시절 책 읽는 습관이 몸에 배어서이다. 습관은 들이기는 어려워도 한 번 들이고 나면

평생을 간다. 그래서 책 읽기와 같은 좋은 습관은 '평생의 자산'이
라고 할 수 있다.

　문재인이 예순이 넘은 나이에도 손에서 책을 놓지 않는 것은 책
은 곧 문재인이고, 문재인은 곧 책이기 때문이다. 그 사람의 오래된
습관은 곧 그 사람인 것이다.

　독서 습관을 기르기 위해서는 어떻게 해야 할까?

　첫째, 독서는 가장 실체적인 행위이며, 가장 유익함을 주는 수단
이다. 독서는 알지 못하는 것을 알게 하여 새롭게 눈을 뜨게 하고,

자신이 추구하는 일을 당당하게 해나갈 수 있도록 큰 힘을 준다는 사실을 믿어야 한다.

둘째, 날마다 밥을 먹듯 날마다 책을 읽어야 한다. 그런데 사람들은 밥을 꼭꼭 챙겨 먹으면서도 독서는 마치 나와는 상관없는 듯 행동한다. 하지만 독서는 정신건강을 튼튼하게 해주는 가장 이상적인 행위이다.

셋째, 아무리 바빠도 독서는 해야 한다. 가랑비에 땅이 젖듯 틈틈이 하는 독서가 견문을 넓히고 식견을 키운다. 독서량이 풍부하면 어려움에 처했을 때 손쉽게 지혜를 활용할 수 있다.

넷째, 책을 읽은 후 반드시 그 느낌이나 생각한 것을 메모해야 한다. 하나의 메모는 보잘것없어 보여도 메모가 쌓이면 큰 부가가치가 된다. 독서 후 메모는 맛있는 후식을 먹는 것과 같다.

다섯째, 어려운 내용의 책도 반드시 읽어야 한다, 읽기 쉬운 책만 읽다 보면 편독으로 인해 생각의 폭이 좁아진다. 다양한 분야의 독서는 자신의 인생을 풍요롭게 만드는 최선의 비법이다.

'독여취식'이라는 말이 있다. 이는 '밥 먹듯이 책을 읽으라'는 말로 매일 밥을 먹듯 매일 책을 읽으라는 말이다.

문재인이 책을 통해 인간의 도리와 삶의 이치를 깨우쳤듯 우리 청소년들도 자신을 위해 책 읽기를 즐겨해야 한다. 그렇게만 할 수 있다면 책 읽기의 습관을 몸에 들임으로써 더욱 풍성한 삶을 살아가게 된다.

독서는 가장 실체적인 행위이며, 가장 유익함을 주는 수단이다. 독서는 알지 못하는 것을 알게 하여 새롭게 눈을 뜨게 하고, 자신이 추구하는 일을 당당하게 해나갈 수 있도록 큰 힘을 준다.

날마다 밥을 먹듯 날마다 책을 읽어야 한다. 그런데 사람들은 밥을 꼭꼭 챙겨 먹으면서도 독서는 마치 나와는 상관없는 듯 행동한다. 독서는 정신건강을 튼튼하게 해주는 가장 이상적인 행위이다.

아무리 바빠도 독서는 해야 한다. 가랑비에 땅이 젖듯 틈틈이 하는 독서가 견문을 넓히고 식견을 키운다. 독서량이 풍부하면 어려움에 처했을 때 손쉽게 지혜를 활용할 수 있다.

책을 읽은 후 반드시 그 느낌이나 생각한 것을 메모해야 한다. 하나의 메모는 보잘것없어 보여도 메모가 쌓이면 큰 부가가치를 준다. 독서 후 메모는 맛있는 후식을 먹는 것과 같다.

어려운 내용의 책도 반드시 읽어야 한다. 읽기 쉬운 책만 읽다 보면 편독으로 인해 생각의 폭이 좁아진다. 다양한 분야의 독서는 자신의 인생을 풍요롭게 만드는 최선의 비법이다.

따뜻한마음의온도로
사람을움직여라

사람은 함께 어울려 사는 따뜻한 품성을 지닌 존재이다

사람이 서로를 사랑하고 함께 어울려 살아야 한다는 것은 자연의 섭리이다. 사람은 사실 혼자서는 절대로 살아갈 수 없는 연약한 존재이다. 그러나 여럿이 함께하면 큰 힘을 발휘할 수 있고, 지혜를 모아 창의적이고 생산적인 삶을 살아갈 수 있는 강인한 능력이 생긴다. 사람은 다른 사람을 통해서 많은 것을 얻는 상호의존적인 존재이다.

단군의 건국이념인 '홍익인간'을 보더라도 이를 잘 알 수 있다. 홍

인간의 '홍'은 '넓다'는 뜻이며 '익'은 '이롭게 하다'라는 뜻이다. 즉 '널리 인간 세계를 이롭게 하다'라는 의미이다. 그러니까 개개인이 모두 이렇게 살아야 한다는 것이다. 이것이 곧 인간의 도리이며 본질인 것이다.

그런데 이를 벗어나는 행동을 한다면 그것은 인간의 도리와 본질에 반하는 불합리하고 이기적인 일일 수밖에 없다. 사람이 사람을 사랑하는 것은 하늘의 뜻이기 때문이다.

"덕이 있는 사람은 외롭지 않고 반드시 이웃이 있다."

이는 공자의 어록모음집인 《논어》에 나오는 말로 덕이 있는 사람은 누구나에게 사랑을 받는다. 덕을 베풂으로써 자신의 사랑을 남에게 주는 까닭이다.

사람은 누구나 자신에게 잘해주는 사람, 따뜻하게 대해주는 사람, 사랑으로 이끌어주는 사람, 배려하고 양보하는 사람, 관심을 갖고 너그럽게 대해주는 사람에게 끌리게 된다. 그리고 그 사람과 좋은 관계를 맺고 싶어 한다. 그런 사람은 나에게 이로움이 될지언정 해는 되지 않는다고 믿기 때문이다.

덕이 있는 사람은 사람을 진정으로 사랑할 줄 아는 사람이다. 그래서 덕이 있는 사람은 외롭지 않고 어디를 가더라도 환영을 받는다.

"사람이 어질다고 하는 것은 모든 사람을 사랑하는 마음을 말한다."

이 또한 《논어》에 나오는 말로 어진 사람은 사람을 대할 때 편견이나 차별을 두지 않고 대하고, 잘못된 것은 바로잡는다는 것을 말한다.

도가의 창시자이자 학자인 노자는 덕이 있는 사람에 대해 이렇게 말했다.

"덕망이 있는 자가 사람을 대할 줄 안다. 높게 처하려면 말에 있어서 사람들에게 겸손해야 한다. 사람들을 인도하려면 사람들의 앞에서가 아니라 뒤에서 해야 한다. 그러므로 덕망이 있는 자가 사람을 대할 줄 안다. 훨씬 앞에 있어도 그 사람들은 거북하게 생각하지 않는다. 따라서 덕망이 있는 자는 누구와도 다투지 아니함으로 이 세상의 아무도 그와 다투지 않는다."

여기서 말하는 '덕망'이란 '어질다'는 것을 의미한다. 덕이 있고 어진 사람은 남을 배려하는 따뜻한 마음을 지녔다. 또 누군가가 잘못을 했어도 냉정하게 뿌리치지 못한다. 이는 천성적으로 마음이 선하기 때문이다.

덕이 있고 어진 사람들이 함께 어울려 사는 사회는 생각만으로도 행복하고 아름다운 마음이 들게 한다. 덕이 있는 사람, 어진 사람의 마음은 따뜻한 사랑으로 가득 차 있기 때문이다.

하지만 부덕하고 어질지 못하면 함께 어울려 살아갈 수 없다. 그런 사람을 좋아할 사람은 그 어디에도 없다. 덕을 기르고 어진 마음을 길러야 하는 이유가 여기에 있는 것이다.

마음의 온도가 따뜻한 사람

문재인은 덕을 갖추고 어진 마음을 가졌으며 따뜻한 품성을 지녔다. 그의 눈을 보면 참 선하다는 생각이 든다. 마치 욕심이라고는 없는 사람처럼 보인다. 어려움에 처한 사람을 보면 금방이라도 뚝뚝 눈물을 흘릴 것만 같다. 그는 남에게 해코지라고는 할 줄도 모르고 다소 손해를 보더라도 아무렇지도 않게 생각한다. 자신에게 억울한 말을 하는 사람도 너그럽게 용서할 줄도 아는 따뜻한 마음의 온도를 지녔다.

문재인의 따뜻한 성품을 잘 알게 하는 이야기이다.

고등학교 1학년 때 소풍을 갔을 때 일이다. 목적지를 가기 위해서는 좁다란 산길을 따라 가야 했다. 친구들은 모두 앞만 보고 갔다. 같은 반에 다리가 불편한 친구가 있었는데 자꾸만 뒤로 쳐졌다.

다른 친구들이 떠들며 즐겁게 길을 갈 때 문재인은 먼저 갈 수가 없어 그 친구와 함께 하였다.

"너 먼저 가. 나는 천천히 가면 돼."

"어떻게 나 먼저 가. 우리 둘이 이렇게 가면 좋잖아,"

먼저 가라는 친구의 말에 문재인이 웃으며 말하자 친구의 얼굴에도 웃음이 피어났다. 먼저 도착한 친구들은 웃고 떠들며 즐거운 시간을 보냈다. 그러다 문재인이 친구를 업고 오는 것을 보고는 다들 놀란 얼굴로 쳐다보았다. 다들 감동한 표정이었다.

"우리는 생각지도 못했는데, 재인이는 역시 우리와는 다르구나."

"그러게 말야. 참 속이 깊은 친구야."

친구들은 이렇게 말하며 문재인을 참 따뜻한 친구라고 생각했다.

소풍을 마치고 산길을 내려갈 때 흐뭇한 광경이 펼쳐졌다. 반 친구들이 돌가면서 다리가 불편한 친구를 업고 내려간 것이다.

문재인이 한 행동을 보고 감동한 친구들이 함께함으로써 아름다운 우정을 연출하였다.

문재인은 검사시보 때 교통사고 치사(교통사고로 사람이 죽다) 구속 사건을 배당받았다. 갓난아기를 둔 젊은 부부가 블록 공장에서 일을 하는 사이 아기가 트럭에 깔려 숨진 사고였다. 운전기사가 잘못한 것으로 되어 있었다. 아기 부모도 애처롭고, 사고를 낸 운전기사

도 고아로 사정이 딱했다. 문재인은 그들의 처지를 생각하니 마음이 아팠다.

그런데 블록 공장 사장이 아기 부모에게 보상을 해주고 합의를 청해왔다.

문재인은 자신의 생각을 말했다.

"운전기사를 무혐의 처리할 수는 없어도 약식 처리해주어야 한다고 생각합니다."

그러나 부장검사는 생각이 달랐다.

"교통사고 치사 사건은 법원이 석방하더라도 검찰은 구속 기소하는 것이 사건 처리의 기준이네."

부장검사의 말을 듣고 문재인은 지청장을 찾아가 자신의 생각을 말했다. 지청장은 그의 생각을 들어주었다. 그러자 부장검사와 차

장검사는 약식 처리를 해주는 대신 벌금액이 많아야 한다고 주장하였다.

"하지만 그의 처지가 너무 딱하니 벌금액을 낮춰주고 분납으로 내게 하면 좋겠습니다."

문재인은 끝까지 자신의 생각을 굽히지 않았다. 결국 문재인의 주장대로 젊은 운전기사는 낮은 벌금을 내고 석방되었다.

2015년 4월 25일 네팔에 지진이 발생했을 때 1만 명에 가까운 사람이 목숨을 잃고 수많은 사람이 다치고 건물과 집이 무너졌다. 그로 인해 수만 명이 넘는 이재민이 발생했다. 진도 7.8의 지진은 순식간에 가난한 나라 네팔을 공포에 떨게 했다. 우리나라를 비롯해 세계 각 나라에서 봉사단을 파견하고 구호물자를 보내 따뜻한 인류애를 보여주었다.

문재인은 지진 피해지역을 방문한 적이 있다. 그가 일행과 함께 지진 피해지역을 지날 때였다.

"이곳은 지진이 나기 전에 마을이었습니다. 지금은 이렇게 허허벌판으로 변하고 말았지요."

"이곳이 마을이었다고요?"

가이드의 말에 놀란 얼굴의 문재인이 물었다.

"네. 지금 이 땅속에는 2백 명이 넘는 사람들이 묻혀 있습니다. 그것을 생각하면 너무나 가슴이 아픕니다."

"어떻게 그런 일이……."

문재인은 말을 채 잇지도 못하고 눈물을 쏟고 말았다. 같은 사람으로서 있을 수 없는 일에 너무도 마음이 아파 견딜 수가 없었던 것이다. 나라를 떠나 사람은 누구나 다 소중한 존재인데 자연재해로 인해 아까운 목숨을 잃었다는 것은 말로는 형언하기 어려운 슬픔이었다.

문재인은 희생자들을 위해 기도를 했다. 기도를 하는 그의 볼을 타고 한없이 눈물이 흘러내렸다. 그리고 그곳에 나무를 심는 동안에도 눈물은 그치지 않았다. 네팔 가이드는 문재인의 그런 모습에 크게 감동하였다.

눈물이 많은 사람은 마음이 순수하고 따뜻한 사람이다. 남의 아픔을 자신의 아픔처럼 여기고 남의 슬픔을 자신의 슬픔처럼 여기는 마음은 사랑의 마음이기 때문이다.

문재인은 그곳에 머무는 동안 가이드와 함께 식사를 하였다. 가이드는 다른 여행자와는 다른 문재인을 보고 그가 마음이 선하고 참 따뜻한 사람이라고 생각했다. 다른 여행자들은 자신들끼리 식사를 했다. 가이드는 단지 돈을 받고 고용한 사람일 뿐 자신들과는 함께 식사조차 할 수 없는 사람이라고 생각했지만 문재인은 가이드를 마치 한 가족처럼 친구처럼 대해 줬던 것이다. 가이드가 감동한 것은 지극히 당연한 일이었다.

그가 누구든 함께한다는 것은 따뜻한 마음을 갖지 않으면 할 수 없다. 덕을 갖추고 어진 마음을 가진 사람만이 편견 없이 사람을 대할 수 있다. 그의 이런 마음 때문에 사람들은 그를 좋아한다.

따뜻한 마음의 온도를 가진 문재인, 그는 사람을 진실로 사랑할 줄 아는 휴머니스트이다.

따뜻한 마음의 온도를 가진 사람들

남아프리카공화국의 흑인인권운동가이자 아프리카민족회의 회장이며 남아프리카공화국 최초의 흑인 대통령인 넬슨 만델라. 그는 탄압받는 동족과 조국의 민주화를 위해 350년이나 지배해오던 백인 중심의 국민당 기본 강령인 '아파르트헤이트'를 폐지하고 '진실과 화해 위원회'를 발족하여 화해와 용서를 통해 자유민주주의를 실현시키며 남아프리카공화국을 민주국가의 반열에 올려놓았다.

그가 탄압받는 동족의 자유와 평화를 찾기 위해 치러야 했던 시련과 고통은 상상을 초월한다. 그는 무려 27년 동안 감옥에 갇혔으며, 연금과 구금으로 평생의 절반을 갇혀 지냈다.

넬슨 만델라는 자신에게는 엄중하고 타인에게는 겸허하고 관대했다. 그랬기에 그는 많은 국민들은 물론 전 세계인들로부터 존경을 받았다. 넬슨 만델라가 모진 탄압과 고통 속에서도 이처럼 할 수 있었던 것은 따뜻한 마음의 온도를 가슴에 품었기 때문이다.

넬슨 만델라는 따뜻한 가슴을 가진 '사랑의 실천자'였다.

"세상에 내가 퍽도 어리석지. 내가 먼저 탈옥하여 혼자 쉽게 도망치려다가 그가 내게 애걸하는 모습이 눈에 아른거려 이중의 험한 곳으로 다시 들어가서 구해주었건만, 지금 내가 빈털터리로 자기를 찾은 줄 알고 나를 보면 금전적으로 손해를 볼까봐 거절하는 것이 아닌가. 그 사람의 행실인즉 크게 꾸짖을 것도 없다."

이는 우리 민족의 독립운동가이자 영원한 스승인 김구 선생이 한 말이다.

그가 인천감옥을 탈옥할 때 혼자 탈옥을 해도 됨에도 불구하고 위험을 무릅쓰고 조덕근을 비롯한 3명의 죄수를 도와주어 탈옥케 하였다. 탈옥을 한 후 김구 선생이 조덕근을 찾아갔는데 그가 이 핑계 저 핑계를 대며 나타나지 않자 선생이 그에 대한 생각으로 한 말이다. 김구 선생의 너그럽고 어진 성품을 잘 알게 하는 이야기이다.

다른 사람들 같으면 목숨 걸고 구해주었더니 천하에 나쁜 사람이라고 욕을 퍼부어대고 이 사람 저 사람마다 붙들고 흉을 보았을 것이다. 그러나 김구 선생은 그런 사람에게조차 배은망덕하게 생각하지 않았으며 도리어 자신의 어리석음으로 여겼다.

김구 선생이 많은 국민들로부터 존경받는 것은 조국과 민족을 위해 헌신했다는 것뿐만이 아니라, 진실로 사람을 사랑할 줄 아는 어진 마음에 있다.

러시아 국민 소설가인 톨스토이는 러시아 남부 툴라 근교의 야스나야 폴랴나에서 명문 백작가의 넷째로 태어났다. 부유한 환경에서 태어나거나 자란 사람들은 대개 가난한 이들의 사정에는 관심이 없고 오만에 빠지거나 자기중심적이기 쉬운데 톨스토이는 예외였다. 그는 사람들을 대할 때 어진 마음으로 대했으며, 자신의 노예를 노예의 신분에서 풀어주었다. 또한 가난한 이웃들을 위해 자신의 것을 나눠주기도 했다.

그가 단지 위대한 소설가로서만 존경받는 것이 아니다. 그는 사람을 진심으로 사랑할 줄 아는 참사람이었기 때문이다.

마음의 온도를 따뜻하게 하는 다섯 가지

마음의 온도가 따뜻한 사람은 거짓이 없다. 마음결이 반듯하고 따뜻한 인간미를 품고 있어, 상대를 배려하고 존중하고 사랑하는 마음이 깊다. 마음의 온도를 따뜻하게 한다는 것은 곧 자신을 행복하게 하는 일이다. 다음은 마음의 온도를 따뜻하게 하기 위한 다섯 가지 법칙이다.

첫째, 모든 탐욕은 이기심에서 온다. 이기심을 품고 있는 한 배려할 줄 모른다. 이기적인 마음을 버려야 한다. 이기적인 마음을 버리게 되면 상대를 생각하는 마음이 따뜻해지고 자연스러워진다.

둘째, 어려운 처지에 놓인 사람을 절대 지나치지 말라. 그의 어려움을 이해하고 자신이 할 수 있는 만큼 도와주어라. 도와주는 일에 익숙해질수록 따뜻한 마음을 갖게 된다.

셋째, 양보하고 배려하는 마음을 길러야 한다. 양보하고 배려하면 손해를 볼 것 같지만 상대의 마음을 사게 된다. 따뜻한 마음의 온도가 상대를 감동시키기 때문이며 그런 만큼 마음의 온도는 더 따뜻해진다.

넷째, 거짓을 말하지 말아야 한다. 거짓을 말하는 순간 그 누구도 내 편이 되어주지 않는다. 도리어 상대로부터 무시를 당하고 조롱받게 된다. 진실한 마음 앞에서는 그 누구도 진실해지고 싶어 한다. 진실한 마음은 마음의 온도를 높이는 '마음의 풀무'이다.

다섯째, 상대를 존중하라. 상대를 존중하면 자신도 존경을 받게 된다. 왜일까. 상대의 마음을 감동시키기 때문이다. 상대의 마음을 감동시키는 만큼 마음의 온도는 따뜻해진다.

마음이 따뜻한 사람은 그 어떤 순간에도 진실을 배반하지 않는다. 늘 푸른 소나무처럼 한결같은 마음으로 사람을 배려하고 존중하고 사랑한다. 마음이 따뜻하고 진실한 사람이 되고 싶다면 '마음의 온도를 따뜻하게 하는 다섯 가지 법칙'을 꾸준히 실천해야 한다.

문재인은 어려운 처지에 있는 사람을 보면 지나치지 못한다. 슬픔에 잠긴 사람을 보면 함께 눈물을 흘리고, 마음이 아픈 사람을 보면 같이 마음 아파한다. 문재인은 성품이 어질고 따뜻하고 진실하다. 거짓을 멀리하고 다소 손해가 따르더라도 양보한다. 이 모두는 그가 따뜻한 마음의 온도를 품었기 때문이다.

이 책을 읽는 독자들도 마음의 온도가 따뜻한 청소년이 되어야 한다. 그래야 남을 사랑함으로써 진실로 자신을 행복하게 할 수 있다.

모든 탐욕은 이기심에서 온다. 이기심을 품고 있는 한 배려할 줄 모른다. 이기적인 마음을 버려야 한다. 이기적인 마음을 버리게 되면 상대를 생각하는 마음이 따뜻해지고 자연스러워진다.

어려운 처지에 놓인 사람을 절대 지나치지 말라. 그의 어려움을 이해하고 자신이 할 수 있는 만큼 도와주어라. 도와주는 일에 익숙해질수록 따뜻한 마음을 갖게 된다.

양보하고 배려하는 마음을 길러야 한다. 양보하고 배려하면 손해를 볼것 같지만 상대의 마음을 사게 된다. 따뜻한 마음의 온도가 상대를 감동시키기 때문이며 그런 만큼 마음의 온도는 더 따뜻해진다.

거짓을 말하지 말아야 한다. 거짓을 말하는 순간 그 누구도 내 편이 되어주지 않는다. 도리어 상대로부터 무시를 당하고 조롱받게 된다. 진실한 마음 앞에서는 그 누구도 진실해지고 싶어 한다. 진실한 마음은 마음의 온도를 높이는 '마음의 풀무'이다.

상대를 존중하라. 상대를 존중하면 자신도 존경을 받게 된다. 왜일까. 상대의 마음을 감동시키기 때문이다. 상대의 마음을 감동시키는 만큼 마음의 온도는 따뜻해진다.

CHAPTER 2

담대한 마음은
고통을 긍정으로 만든다

옳고그름을판단하는
능력을길러라

옳은 것은 옳고 그른 것은 그르다

검은 것을 희다고 하면 그것은 그른 것이다. 흰 것을 희다고 하면 그것은 옳은 것이다. 옳고 그름을 판단하는 능력은 반드시 갖춰야 한다. 그래야 잘못된 길로 가지 않고 바르고 온전한 길을 가게 된다.

특히 신체적인 성장이 급속도로 발달하는 청소년기에는 정신이 신체의 성장 속도를 따라가지 못한다. 그러다 보니 간혹 옳고 그름을 분별하지 못해 잘못을 저지르기도 한다.

하지만 크게 걱정할 것은 없다. 사람은 누구나 잘못을 하기 때문이다. 살아가다 보면 잘못은 자연히 따라오는 삶의 그림자와 같다. 그런데 문제는 잘못을 하고도 반성하지 않고, 고치지 않는다는 것이다. 이는 스스로를 잘못되게 함은 물론 친구들이나 다른 사람들에게 나쁜 이미지를 심어준다. 하지만 잘못에 대해 반성하고, 고쳐 행하면 스스로를 잘되게 하고 다른 사람들에게 좋은 이미지를 심어준다.

그렇다면 반성은 어떻게 하는 것이 좋을까.

'일일삼성'이란 말이 있는데 '하루의 일 세 가지를 살핀다'는 뜻으로, '하루에 세 번씩 자신의 행동을 반성하라'는 말이다.

공자의 제자 중 증자라는 이가 있는데 그는 자기반성을 잘 했던 것으로 유명하다. 그는 날마다 세 번 반성을 했다고 한다. '첫째, 남을 도와주면서 진정으로 양심의 가책을 느끼지 않을 만큼 성실하게 도와주었는가. 둘째, 친구와 교제를 할 때 혹여 신의 없는 행동은 하지 않았는가. 셋째, 스승에게 배운 것을 잘 익혔는가'이다.

증자가 하루에 세 번 반성한 것들을 보면, 사람으로서 마땅히 해야 할 도리에 대한 것들이다. 그런데 대개의 사람들은 증자처럼 하지 못할 뿐만 아니라, 자신의 잘못을 그대로 방치한다. 그러다 보니 돌아오는 것은 원성과 듣기 싫은 말뿐이다.

증자가 존경받는 인물이 될 수 있었던 것은, 매일 자신을 반성함으로써 바르고 올곧게 살아갈 수 있었기 때문이다.

공자는 반성에 대해 다음과 같이 말했다.

"군자는 모든 것을 반성해서 허물을 자기에게 구한다."

《논어》에 나오는 말로 군자 즉 '현명한 사람은 모든 잘못으로부터 자신을 반성함으로써 지혜를 얻는다'는 것을 의미한다. 즉 자신의 허물을 허물로 덮지 않고, 그 허물을 통해 현명함을 깨우친다는 것이다.

"매일 반성하라. 만약 잘못이 있으면 고치고, 없으면 더 반성하라."

이는 주자가 한 말로 매일 자신을 반성하는 것이 곧 자신의 허물을 덮고 지금보다 나은 자신으로 살아갈 수 있음을 의미한다.

반성이 없는 삶은 언제나 같은 삶을 반복하듯 살게 된다. 반성을 단지 반성으로만 생각하기 때문인데 반성은 단순하지만은 않다. 그것은 새로움을 깨우치는 반성이어야 한다. 그래서 자신을 돌아보며 살필 줄 아는 사람이, 그렇지 않은 사람보다 지혜롭고 명철한 것이다.

옳고 그름을 통해 분별하는 마음을 기르다

문재인이 6학년 때인 어느 날이었다. 그날도 집에 가서 돈을 가지고 오라는 선생님의 말을 듣고 문재인과 아이들이 우르르 만화방으로 달려갔다. 만화방에서 시간을 보내고 나오다 그만 선생님과 딱 마주쳤다.

"너희들 여기서 뭐했어? 다들 따라 와!"

선생님은 단단히 화가 나서 아이들을 학교로 끌고 갔다. 문재인은 물론 아이들 모두는 잔뜩 겁먹은 표정이었다.

선생님은 회초리로 아이들 엉덩이를 때렸다. 어떤 아이들은 울고, 어떤 아이들은 엄살을 피우기도 했다.

"이 못된 녀석들, 선생님을 속여! 그래놓고 너희들이 학생이야?"

선생님은 속은 게 분해 계속 소리를 질러대며 아이들을 야단쳤다. 아이들은 아무 말도 못하고 선생님 눈치만 살폈다.

아이들 중엔 돈을 내지 못해 학교를 그만두는 아이도 있었다. 문재인은 그런 친구들을 보면 너무도 속이 상했다. 돈이 없다고 집으로 돌려보내고, 돈이 없어 학교를 그만두는 것은 옳지 않은 일이라고 여겼다.

이 뿐만이 아니었다. 가난해서 자주 목욕을 하지 못했는데 아이들을 더럽다고 야단치고 망신 주는 일, 급식을 할 때 아이들을 배려해주지 못하는 등의 일에 대해 그것은 매우 잘못된 일이라고 생각했다.

문재인은 사회에 대한 반항심이 생겨 고등학교 3학년 때는 술도 마시고 담배도 피웠다. 그러다 보니 거친 친구들과도 종종 어울렸다. 축구를 좋아해 공 차는 친구들과도 가깝게 지냈다. 그러다 보니 공부는 뒷전이었다.

고등학교 3학년 봄 소풍 자유 시간 때 일이다. 술 마시자는 한 친구의 말에 기다렸다는 듯이 우르르 가게로 몰려가 술을 사 가지고 와서 마시기 시작했다. 선생님 몰래 마시는 술은 더 맛있었다. 그렇게 마시다 보니 한 친구가 너무 술에 취해 그만 쓰러지고 말았다.

"정신 차려!"

친구들은 놀라서 큰 소리로 부르며 몸을 흔들어 댔지만 꿈쩍도 안 했다. 집합 시간을 알리는 소리와 함께 이 사실을 담임 선생님이 알게 되었다. 문재인은 친구들과 같이 솔직하게 술을 마셨다고 말했다.

"학생이 술을 마셔도 되는 거야? 빨리 친구 데리고 병원으로 가!"

담임 선생님 말에 친구 몇몇이 술 취한 친구를 데리고 병원으로 가 위세척을 하였다. 위세척을 한 후 친구는 깨어났다.

문재인과 친구들은 처벌이 두려웠다. 그러나 의리를 지켜 솔직하게 말했다고 해서 처벌을 면할 수 있었다.

그 후 또 다시 사건이 터지고 말았다. 여름방학이 끝날 무렵 축구시합을 한 후 학교 뒷산에서 술을 마시고, 담배를 피우며 큰 소리로 노래를 불러대다 그만 당직을 하던 지도부 주임 선생님께 딱 걸리고 말았다.

"네 이놈들, 지금 뭐하는 짓이야!"

문재인을 비롯한 친구들은 선생님 앞에 나란히 서서 아무 말도 못한 채 화가 난 선생님 눈치만 살폈다.

"너희가 학생이야, 깡패야? 어디서 술을 마시고 담배를 피우고 난리를 피워!"

선생님은 단단히 화가 나서 눈을 치켜뜨며 말했다.

"자, 잘못했습니다."

문재인과 친구들은 잘못했다고 말했지만 소용없었다. 모두는 유기정학(일정 기간 학교에 나오지 못하게 하는 처벌)을 받았다.

문재인은 한때 친구들과 어울려 술도 마시고 담배도 피우고 했지만, 나쁜 길로 가지 않았다. 자신의 행동에 대해 반성하고 두 번 다시는 같은 행동을 반복하지 않았던 것이다.

문재인은 옳은 일에는 몸을 사리지 않았으며, 그른 일에 대해서는 자신의 의기를 꺾지 않았다. 그가 인권변호사가 되어 가난한 사람들을 돕고, 노동자들의 억울함을 앞장서서 도와줄 수 있었던 것은 초등학교 때는 물론 청소년 시절에 옳고 그름에 대해 깊은 깨우침을 얻었기 때문이다.

옳은 것은 행하고 그른 것은 바로 잡아야 한다

영국에서 있었던 일이다. 어떤 남자가 골목길을 힘차게 걸어가고 있었다. 그는 사랑하는 여자에게 결혼을 승낙받기 위해 가는 길이었다. 그의 가슴은 풍선처럼 부풀어 올라 금방이라도 터질 것만 같았다. 오늘 자신의 인생이 새로이 거듭나는 날이기 때문이었다.

남자의 머릿속엔 여자에 대한 생각으로 가득 차 있어 다른 것은 생각할 겨를이 없었다. 그때 저만치서 어떤 여자가 오고 있었다. 그런데 남자가 급히 가는 바람에 여자와 그만 세게 부딪치고 말았다. 여자는 충격으로 넘어졌다. 하지만 남자는 미안하다는 말 한 마디 없이 그냥 지나치고 말았다. 바로 그때 이 모습을 창가에 서서 지켜보던 여자가 있었다. 그녀는 바로 남자가 그토록 사랑하는 여자였다.

여자의 집 앞에 도착한 남자는 벨을 눌렀다. 그런데 밖으로 나온 사람은 그녀가 아니라 그 집 하녀였다. 순간 남자의 밝았던 얼굴은 먹구름이 낀 듯 어두워졌다. 여자가 달려 나와 반겨 주리라 기대했었는데 그게 아니어서 크게 실망하였던 것이다. 더욱이 남자를 더 맥 빠지게 한 것은 하녀가 전해준 말이었다.

"아가씨께서 만나고 싶지 않다고 돌아가시랍니다."

남자는 멍한 가슴으로 집으로 되돌아왔다. 아무리 생각해도 자신이 무시당한 이유를 알 수 없어 편지를 썼다. 그리고 며칠 후 그녀로부터 답장을 받았다. 자신을 만나러 오던 날 골목에서 어떤 여자와 부딪치고도 사과도 하지 않은 당신과는 결혼할 생각이 없다는 내용이었다. 남자는 자신의 옳지 못한 행동에 대해 깊이 반성하였다.

그날 이후 남자는 남을 배려하는 멋진 매너를 가진 남자로 거듭났다. 비록 사랑하는 여자와는 결혼하지 못했지만 여자를 통해 참된 인생을 살게 된 것이다. 그 남자는 바로 영국을 대표하는 수필가 찰스 램이다.

다음은 옳은 것은 행하고 그른 것을 바로잡는 다섯 가지 지혜이다.

첫째, 반성이 없는 청소년은 정제되지 않은 원석과 같다. 원석이 정제가 되었을 때 비로소 가치 있는 보석으로 인정받는 것처럼 자신을 반성할 때 바른 성품을 지니게 된다.

둘째, 날마다 자신이 한 말과 행동에 대해 살피는 시간을 가져야 한다. 그래야 자신을 반성함으로써 자신이 미처 깨닫지 못한 것들을 깨닫게 된다. 그리고 그 깨달음을 진정성 있게 말하고 행동해야 한다.

셋째, 자신을 반성할 땐 엄중히 해야 한다. 엄중한 반성은 자신을 바른 청소년으로 변화시키지만, 자신에게 엄중하지 않으면 제대로 된 반성을 할 수 없으므로 늘 잘못된 일을 되풀이하게 된다.

넷째, 옳은 것은 자신에게도 남에게도 유익을 주지만 그른 것은 피해를 준다. 옳은 것은 항상 옳게 행하고 그른 것은 그 즉시 고쳐야 한다.

다섯째, 그른 것을 알고도 행하는 것은 자신의 양심을 검게 만드는 일이다. 그른 것은 보지도 말고, 듣지도 말며, 행하는 것은 절대 금물이다.

"허물을 뉘우쳐서 스스로를 꾸짖다."

이는 '회과자책'이란 말의 뜻으로 잘못이 있다면 스스로 잘못을 반성하여 꾸짖음으로써 바르게 길을 가야 함을 뜻한다.

문재인이 사람들을 배려하며 참된 길을 걸어갈 수 있었던 것은 옳고 그름을 분명히 하는 올곧은 마음을 지녔기 때문이다.

청소년기에 자신을 살피고 돌아보는 습관을 들여야 한다. 옳은 것은 왜 옳은지, 그른 것은 왜 그른지를 판단하는 능력을 기르게 됨으로써 바른 삶을 살아가는 데 큰 도움이 되기 때문이다.

반성이 없는 청소년은 정제되지 않은 원석과 같다. 원석이 정제가 되었을 때 비로소 가치 있는 보석으로 인정받는 것처럼 자신을 반성할 때 바른 성품을 지니게 된다.

날마다 자신이 한 말과 행동에 대해 살피는 시간을 가져야 한다. 그래야 자신을 반성함으로써 자신이 미처 깨닫지 못한 것들을 깨닫게 된다. 그리고 그 깨달음을 진정성 있게 말하고 행동해야 한다.

자신을 반성할 땐 엄중히 해야 한다. 엄중한 반성은 자신을 바른 청소년으로 변화시키지만, 자신에게 엄중하지 않으면 제대로 된 반성을 할 수 없으므로 늘 잘못된 일을 되풀이하게 된다.

넷째, 옳은 것은 자신에게도 남에게도 유익을 주지만 그른 것은 피해를 준다. 옳은 것은 항상 옳게 행하고 그른 것은 그 즉시 고쳐야 한다.

그른 것을 알고도 행하는 것은 자신의 양심을 검게 만드는 일이다. 그른것은 보지도 말고, 듣지도 말며, 행하는 것은 절대 금물이다.

실패는 누구나 하는 일,
실패에 무릎 꿇지 않기

실패를 두려워하지 않기

사람은 누구나 실패를 한다. 실패하지 않는 사람은 없다. 그런데 어떤 사람들은 실패를 두려워하고 수치스럽게 여긴다. 자신이 못나서라고 말하기도 하고 충분히 할 수 있는 일도 포기하고 만다.

실패는 절대로 수치스러운 일이 아니다. 잘 하기 위해서 실패가 따르는 것은 당연한 일이다. 문제는 실패를 거울삼아 잘 해내느냐, 해내지 못하느냐에 있다. 잘 해낸다면 실패는 성공의 디딤돌이 된다. 그러나 해내지 못하면 실패는 장애물이 되고 만다.

미국 NBA 농구 최고의 스타였던 마이클 조던.

그는 검은 피부에 잘 생긴 얼굴, 깨끗한 매너, 거기에 뛰어난 슛 감각과 다양한 플레이 능력을 갖춰 농구를 하나의 예술적 경지로 끌어올렸다. 그 어떤 말로 칭찬을 해도 아깝지 않은 농구의 귀재인 조던도 수도 없이 슛에 실패를 했고 삼백 번이 넘는 패배를 했다.

마이클 조던은 자신의 성공에 대해 묻는 사람들에게 말하기를 "나는 살면서 수많은 실패를 거듭했습니다. 그러나 그 실패가 있었기에 나는 성공할 수 있었습니다."라고 말한다. 그는 자신의 성공을 실패를 통해서 이루어 냈다고 말했던 것이다.

미국에서 가장 존경받는 대통령인 에이브러햄 링컨.

그는 누구보다도 실패를 많이 한 사람이다. 그가 훌륭한 대통령이니까 하는 일마다 성공했을 거라고 생각하는 사람들이 많다. 그런데 링컨은 가게를 하다 망했으며, 우체국장을 했지만 잘 안 돼 그만두었으며, 연방의원에 낙선하였으며, 상원의원선거에서 떨어졌다. 그리고 부통령 지명에 떨어지고, 다시 상원의원에 도전하였으나 또 낙선하였다. 그러니 링컨은 낙심하지 않았다. 그는 실패할수

록 더욱 강해졌다.

1860년 마침내 링컨은 미국 제16대 대통령 선거에서 당선하였다. 수많은 실패를 거듭한 끝에 이뤄낸 결과였다.

링컨은 그 어느 대통령도 할 수 없었던 노예 해방을 성공함으로써 많은 국민들로부터 존경을 받았으며 지금도 가장 훌륭한 대통령으로 존경받고 있다.

프랑스의 위대한 황제 나폴레옹도 실패를 했고, 몽골제국의 황제 칭기스칸도 실패를 했고, 로마의 황제 시저도 실패를 했다. 이들은 실패를 한 끝에 세계적인 영웅이 되었다.

이처럼 많은 사람이 우러러보는 성공적인 인물들도 수없는 실패 끝에 성공을 쏘아 올린 것이다. 인류가 이 땅에 출현한 이래 실패

없는 인생은 어디에도 없었다. 실패를 통해 깨달음을 얻고 성공한 것이다.

그런 이유로 그라나스키는 "인생은 학교이다."라고 말했다. 그렇다, 실패는 두려운 것이 아니라 성공을 위한 디딤돌이다. 또한 성공의 나침반이며, 어머니이다.

실패를 통해 거듭나다

문재인은 경남고등학교에 수석으로 입학할 만큼 공부를 잘했다. 틈만 나면 도서관에서 책을 읽었다. 책은 그를 행복하게 했다. 그러던 문재인이 3학년이 되면서 친구들과 어울리며 술도 마시고 담배를 피웠다. 그러다 보니 공부에 소홀히 하였다.

하지만 기본적인 실력을 갖춘 만큼 마음만 먹으면 얼마든지 좋은 성적을 올릴 수 있었다. 그러다 대학 입시가 다가왔다. 문재인은 역사학을 전공하고 싶었다. 역사에 대해 알면 알수록 흥미롭고 재미있었다. 역사는 문재인이 꼭 전공하고 싶은 공부였다.

"역사학을 공부하고 싶습니다."

문재인은 입시를 앞두고 아버지에게 말했다.

"역사학도 좋지만 나는 네가 법대나 상대에 갔으면 한다."

아버지는 아들이 법대나 상대를 갔으면 했다.

이번에는 담임 선생님이 문재인에게 말했다.

"너는 충분히 서울대 법대나 상대에 들어갈 수 있다. 그러니 다른 생각은 접고 서울대에 지원하는 것이 좋겠다."

문재인은 아버지와 담임 선생님의 뜻을 받들어 서울대 시험을 보았다. 하지만 떨어지고 말았다. 부모님은 물론 학교에서도 뜻밖의 결과에 놀라움을 감추지 못했다. 문재인의 실력이라면 충분히 갈 수 있다고 믿었기 때문이다.

하지만 정작 문재인은 실망하지 않았다. 그는 자신이 공부를 열심히 하지 않은 탓으로 여겼다.

문재인은 재수를 했다. 하지만 이번에도 또 떨어지고 말았다. 문재인은 더 이상 재수를 할 생각이 없었다.

문재인은 경희대 법대에 수석으로 합격하여 전 학년 장학생이 되었다. 그가 공부를 다시 했더라면 서울대 법대에 들어갔을 것이다. 하지만 가정 형편을 생각해 경희대에 진학한 것이다.

문재인은 사법고시를 볼 때도 실패의 경험이 있다.

대학 3학년 때 사법고시 1차에 합격했었다. 그런데 시위를 하느라 제대로 법률공부를 하지 못해 2차 시험은 보지 못했다.

문재인은 군대를 마치고 다시 사법고시에 도전하였다. 실패의 쓰라린 경험을 거울삼아 열심히 공부하였다. 사법고시에 대한 그의 집념은 무서웠다. 온몸과 마음을 공부에 집중하였다. 그렇게 철저히 사법고시 준비를 마친 문재인은 1차 사법고시에 응시하였다. 결과는 합격이었다.

"1차에 합격했으니, 2차 또한 반드시 합격해야지."

문재인은 두 주먹을 불끈 쥐고 스스로에게 굳게 다짐하였다.

열심히 공부한 끝에 사법고시 2차에도 당당히 합격했다. 마지막 3차 시험은 면접이었는데 이 또한 무난하게 합격하여 마침내 사법고시에 최종 합격하였다.

문재인은 2012년 전국 13개시도 민주통합당 대통령 후보 경선에서 대통령 후보로 선출되었다. 문재인은 무소속으로 출마한 안철수와 단일화에 합의하여 민주진영 단일 후보가 되었다.

전국은 대통령 선거 유세로 뜨거웠다. 문재인은 전국을 돌아다니며 자신이 대통령이 되면 반드시 자신의 뜻을 펼치겠다며 지지를 호소하였다.

"문재인!"

"문재인!"

"대통령은 문재인!"

가는 곳마다 사람들은 열렬히 문재인을 연호하였다. 그러나 아쉽게도 패배하고 말았다. 근소한 차이의 패배였기에 아쉬움은 클 수밖에 없었다.

문재인을 지지했던 많은 사람들이 안타까워했지만 문재인은 절망하지 않았다. 그에게는 다시 도전하면 된다는 꿈이 있었다.

문재인은 대학입시 실패와 사법고시 실패를 딛고 사법고시에 합격하였다. 그리고 지난 18대 대선의 패배를 딛고 더불어민주당 대통령 후보 경선에서 전승을 하며 제19대 대통령 선거에 출마하였다. 그리고 마침내 2017년 5월 9일에 치러진 대통령 선거에서 대한민국 제19대 대통령으로 당선하였다.

이렇듯 문재인은 여러 번에 걸쳐 실패를 하였지만, 실패를 전혀 두려워하지 않았으며 낙담하지도 않았다. 다시 도전하면 된다는 긍정적이고 낙관적인 마인드로 자신을 다독이며 스스로를 격려한 끝에 자신의 꿈을 이룰 수 있었던 것이다.

문재인의 마음속에는 언제나 용광로와 같은 강한 의지가 불타고 있다.

자신을 강하게 단련하기

남을 굴복시키는 강한 사람도 자신을 이기지 못한다면 진실로 강한 사람이라고 할 수 없다. 그만큼 자신을 이긴다는 것은 어려운 일이다.

왜 그럴까?

대개의 사람들은 남의 실수는 못 봐주면서도 자신의 실수는 그대로 묵인한다. 이에 대해 노자는 이렇게 말했다.

"남을 굴복시키는 사람은 강한 사람이다. 그러나 자기를 이기는 사람은 그 이상으로 강한 사람이다."

노자는 자신을 이기는 사람이 그 이상으로 강한 사람이라고 했다. 남을 이기는 사람보다는 자신을 이기는 사람이 된다는 것이 그만큼 힘들기 때문이다.

자신을 강하게 단련하기 위해서는 어떻게 해야 할까?

첫째, 실패를 하더라도 수치스러운 일로 여겨서는 안 된다. 성공을 하기 위한 준비과정 중의 하나라고 여겨야 한다.

둘째, 실패는 누구나 다 하는 일이다. 실패를 하지 않는 사람은 없다. 실패를 자연스럽게 받아들이면 실패는 성공의 좋은 에너지가 된다.

CHAPTER2 담대한 마음은 고통을 긍정으로 만든다

셋째, 신념과 의지를 굳건히 해야 한다. 신념과 의지가 강하면 그 어떤 실패에도 좌절하지 않는다.

넷째, 온실 속의 화초는 강한 햇살에 금방 시들고 만다. 하지만 들판의 야생화는 꿋꿋하게 이겨낸다. 실패는 훌륭한 교사이다. 실패를 많이 한 사람들일수록 크게 성공하였다. 거듭된 실패를 통해 더욱 강한 마인드를 길렀기 때문이다.

청소년기는 '꿈의 골조'를 세우는 시기이다. 이 시기에 자신을 강하게 단련해야 한다. 그래야 꿈의 골조를 튼튼하게 세울 수 있다. 꿈의 골조가 탄탄하면 그 어떤 시련에도 쓰러지지 않고 자신의 꿈의 빌딩을 완성할 수 있다. 그렇기 때문에 그 어떤 실패에도 절대 기가 꺾여서는 안 된다. 기가 꺾이는 순간 꿈의 골조는 무너지고 만다.

크게 성공한 사람일수록 실패를 많이 했다. 잦은 실패를 통해 그들은 더욱 강해졌고 꿈의 골조를 튼튼하게 세운 끝에 성공이란 빌딩을 크게 세울 수 있었다.

자신을 강하게 단련하기 위해서는 위의 네 가지를 마음에 담아 항상 음미하고 실천하라. 자신을 강하게 단련하는 만큼 꿈을 이루게 될 것이다.

사람을 먼저 생각하는 문재인

실패를 하더라도 수치스러운 일로 여겨서는 안 된다. 성공을 하기 위한 준비과정 중의 하나라고 여겨라.

실패는 누구나 다 하는 일이다. 실패를 하지 않는 사람은 없다. 실패를 자연스럽게 받아들이면 실패는 성공의 좋은 에너지가 된다.

신념과 의지를 굳건히 해야 한다. 신념과 의지가 강하면 그 어떤 실패에도 좌절하지 않는다.

온실 속의 화초는 강한 햇살에 금방 시들고 만다. 하지만 들판의 야생화는 꿋꿋하게 이겨낸다. 실패는 훌륭한 교사이다. 실패를 많이 한 사람들일수록 크게 성공하였다. 거듭된 실패를 통해 더욱 강한 마인드를 길렀기 때문이다.

불의는멀리하고
정의는가까이하기

불의는 멀리하고 정의는 가까이하기

사람으로서 해서는 안 되는 일은 해서는 안 된다. 그것은 사람의
도리를 벗어나는 불의이기 때문이다. 남의 물건을 훔친다든지, 힘
약한 친구를 괴롭히고 돈을 빼앗는다든지, 집단 따돌림을 해서 고
통을 준다든지 하는 것들은 불의이다.

또한 나쁜 일을 하는 친구를 돕는다든지, 그런 일을 보고도 못 본

척한다든지 하는 것도 불의이다. 그것은 불의를 돕고 방조하는 일이기 때문이다. 불의는 그 어떤 이유로도 정당화될 수 없다. 불의는 마땅히 없어져야 하고 잘못을 했을 때에는 그에 상응하는 벌을 받아야 한다.

정의는 항상 옳고 바르다. 정의는 사람의 도리를 지키는 일이며 바른 사회, 즐겁고 행복한 사회를 위해서는 반드시 지켜야 한다. 신문과 TV 뉴스를 보면 어려운 처지에 놓인 사람을 구해준 아름다운 이야기가 마음을 따뜻하게 한다. 물에 빠진 사람을 목숨을 걸고 구해준다든지, 지하철 철로로 떨어진 사람을 구해준다든지, 뺑소니 운전자를 끝까지 따라가 붙잡아서 경찰에 인도한다든지, 큰돈을 주워 찾아준다든지 하는 것을 보면 감동하게 된다.

나라를 위해 불의와 맞서는 것도 정의이다. 이에 대한 이야기이다.

김구 선생이 치하포(황해도 안악군 소재)에서 일본인 쓰치다를 살해하고 체포되어 해주 감영에서 고문을 받을 때 주리를 틀리는 형벌을 받았다. 무지막지한 고문으로 정강이뼈가 하얗게 드러났지만, 김구 선생은 눈 하나 깜빡 안 하고 그 모진 형벌을 참아냈다.

이 일로 인해 김구 선생의 삶은 완전히 뒤바뀌었다. 김구 선생은 나라와 민족을 위해서 살기로 결심을 하였다. 그리고 나라와 민족을 위해서라면 죽음도 두려워하지 않았다. 김구 선생이 임시정부의 주석이 되어 평생을 조국의 독립을 위해 헌신할 수 있었던 것은 애국애족의 마음도 있지만, 불의를 멀리하고 정의를 가까이했기 때문이다.

"정의로운 말과 행동은 다른 사람들의 인정이나 결과를 떠나서 정의의 본성을 유지한다."

에피쿠로스가 한 말로 정의의 본질에 대해 잘 알게 한다.

정의는 사람들에게 칭찬받기 위해서 하는 것도 아니고 대가를 위해서 하는 것이 아닌, 옳고 바름의 본질을 실천하는 행위이다.

"정의는 행동에 의하여 진실해진다."

영국의 총리를 두 번이나 지낸 벤저민 디즈레일리가 한 말로 정의는 행동에 의해 실현되어진다는 것을 잘 알게 한다. 정의는 사람의 마음을 따뜻하게 하고 즐겁게 하고 행복하게 한다. 정의는 바르고 옳은 일이기 때문이다.

청소년기에 불의와 정의를 분별하는 마음을 길러두면, 어른이 되어서도 불의를 멀리하고 반듯한 마음으로 바르게 살아가게 된다.

민주화운동에 헌신하다

문재인은 대학에 입학을 했지만 공부를 제대로 할 수 없었다. 대통령이던 박정희가 정권을 연장하기 위해 법을 바꿔 유신헌법(한국 헌정 사상 7차로 개정된 제4공화국 헌법)을 선포했기 때문이다. 국민들은 반대를 했고, 대학생들도 반대를 했다. 그러자 휴교령이 내려지고 대학교마다 정문 앞을 탱크가 막아섰다. 시위를 막기 위해서였다.

문재인은 고등학교 선배들과 하숙을 했는데 선배들을 통해 다른 대학의 시위 상황을 자세히 알 수 있었다. 그리고 선배와 친구를 따라 학생운동이 가장 강한 서울대와 고려대 시위를 구경하기도 하였다.

문재인은 언론인인 리영희 선생이 베트남전쟁에 대해 쓴 논문(학술적인 연구 결과나 업적을 체계적으로 쓴 글)을 읽고 큰 충격을 받았다. 전쟁으로 많은 사람들이 희생되었기 때문이다.

"아니, 어떻게 사람이 같은 사람의 목숨을 빼앗을 수 있단 말인가. 이건 말도 안 되는 얘기야."

문재인은 논문을 통해 두려운 진실을 피해서는 안 된다는 것을 깊이 깨달았다.

1973년 서울대를 중심으로 유신을 반대하는 시위가 본격적으로 시작되고 이는 전국 각 대학으로 퍼져 나갔다. 하지만 문재인의 학교는 그러지 못했다. 시위를 이끄는 중심 무리가 없었기 때문이다.

"다른 대학은 다 시위를 하는데 우리 학교만 이대로 있다는 건 참 부끄러운 일이야."

"그래, 맞아. 우리도 무언가를 보여주어야 해."

"그래, 우리도 동참하자."

문재인의 말에 친구들도 생각을 모았다. 문재인은 뜻이 맞는 친구들과 유신 반대 시위를 하기로 마음먹고 준비하기로 했다. 그는 직접 선언문을 쓰고 친구 집에서 등사기로 유인물을 만들었다. 그리고 다음날 아무도 모르게 강의실마다 뿌렸다. 정해진 시간이 되자 500명이 넘는 학생이 장소에 모여들었다. 하지만 학생들을 이끌 총학생회 부회장단이 나타나지 않았다.

"이게 어떻게 된 일이지?"

"그러게 말야. 무슨 일이 있는 거 아냐?"

문재인과 친구들은 이렇게 말하며 그들이 나타나길 기다렸다. 그런데 학생처 직원들이 나와 학생들을 해산하려고 했다.

"학생들 다들 진정해요. 이런다고 달라지는 건 없어요."

그러나 학생들은 들은 척도 하지 않았다. 끝내 부회장단이 나타나지 않자 문재인은 교단으로 올라가 선언문을 읽었다.

"학생, 그만두지 못할까!"

학생처 직원들이 소리치며 몰려왔지만 학생들이 막아섰다. 선언문을 읽고 나서 학생들을 이끌고 교문으로 갔다. 소문을 듣고 학생들이 몰려왔다. 2천 명쯤 되었다. 교문 밖에는 경찰들이 대기하고 있었다.

"유신 반대! 유신 반대!"

학생들은 구호를 외치며 밖으로 나가려고 했다.

"시위를 멈추고 강의실로 돌아가라!"

경찰은 확성기를 통해 밖으로 나오지 못하게 했다. 그렇다고 해서 멈출 학생들이 아니었다. 학생들과 경찰들 사이에 공방전이 시작되었다. 경찰은 학생들이 교문 밖으로 나오지 못하게 최루탄을 쏘았다.

"유신 반대!"

"독재 정권을 타도하자!"

"군부 독재는 물러가라!"

최루탄을 쏘았지만 학생들은 물러서지 않고 경찰과 맞섰다. 시위가 끝나고 나서 시위에 앞장섰던 학생들은 경찰에 끌려가 형사처벌을 받고, 무기정학(기한을 정하지 않고 학교에 나오지 못하도록 하는 처벌)을 받았다.

문재인과 친구는 경찰에 자진 출두해 구류(일정 기간 동안 교도소에 가둬 자유를 속박하는 형벌)를 받았다.

1975년 새 학기가 시작되고 각 대학마다 유신정권과 맞서 싸워야 한다는 분위기가 조성되고 있었다. 문재인의 대학도 총학생회 주관으로 시위를 하기로 결의하였다. 5천 명이 넘는 학생들이 모였지만 총학생회장은 학교로 오다가 경찰에 구금을 당하고 말았다.

"회장이 구금되었으니 총무부장인 내가 앞장서겠습니다."

총무부장인 문재인이 회장 대신 학생들을 이끌고 교문으로 갔다.

경찰은 학교 앞을 완전히 봉쇄하였다.

"유신 반대! 유신 반대!"

문재인과 학생들이 한 목소리로 유신 반대를 외치며 교문을 나가려고 하자 경찰이 가스총을 쏘아댔다.

"으윽!"

앞장섰던 문재인은 얼굴에 가스를 맞고 정신을 잃고 말았다.

"총무부장이 쓰러졌다!"

학생들은 큰소리로 외치며 문재인을 학교 안으로 옮겼다. 그 바람에 시위는 더욱 고조되었다.

"유신 반대!"

"독재 정권을 타도하자!"

"군부 독재는 물러가라."

학생들과 경찰들 사이에는 팽팽한 긴장감이 돌았다. 그러나 학생들은 도를 넘는 시위는 하지 않았다.

시위가 끝나고 문재인과 주동 학생들은 자발적으로 경찰에 체포되었다.

"하라는 공부는 안 하고 시위나 하고. 그게 학생들이 할 일이야?"

경찰은 문재인과 학생들에게 소리쳤다.

"나라가 잘못하면 학생이라고 할지라도 바로 잡아야지요."

문재인과 학생들은 한 목소리로 말했다.

"뭐야? 너희들이 쓴 맛을 보지 못해 그러는데 한번 혼이 나봐야 알겠어?"

심문을 하던 경찰은 노려보며 말했다. 하지만 문재인과 학생들은 눈도 깜짝하지 않았다. 자신들이 옳다고 여겼기 때문이었다.

문재인은 구속되어 경찰서에 수감되었다. 그리고 학교에서 제적(더 이상 학교에 다니지 못하게 됨)되었다. 경찰서에서 조사를 받은 후 검찰로 가기 위해 호송버스에 올랐다. 차가 막 떠나려는데 문재인의 어머니가 차를 따라오며 소리쳤다.

"재인아! 재인아!"

문재인은 어머니께 죄송했지만 정의를 위해서 그냥 있을 수만은 없었다. 문재인은 서대문구치소에 수감되었다.

구치소 생활은 힘들었지만 잘 견뎌냈다.

그러던 어느 날 문재인은 구치소 주변에 많은 비둘기가 있는 것을 보고는 놀랐다.

"아니, 무슨 비둘기가 이렇게 많지?"

문재인이 남은 음식을 모아 비둘기에게 던져주자 비둘기들은 우르르 몰려들어 정신없이 쪼아 먹었다. 건너편에 있는 소년수들이 그 모습을 바라보았다.

"소년수들도 비둘기를 구경하고 있네요."

문재인이 말하자 누군가 말했다.

"구경을 하는 게 아니라 비둘기에게 주는 밥이 먹고 싶어서 그러는 거예요."

"그래요?"

"네."

문재인은 자신이 한 행동이 부끄럽고 미안했다. 그 일이 있은 후 남은 밥을 모아 소년수들이 있는 감방으로 보내주었다.

문재인은 징역 2년을 구형(형사재판에서 피고인에게 어떤 형벌을 줄 것을 검사가 판사에게 요구하는 것) 받았다. 그런데 판사가 징역 10월에 집행유예(유죄판결을 한 뒤 형을 선고하는 데 있어 정상에 의하여 일정한 기간 그 형의 집행을 유예하는 제도)를 선고하였다.

1980년 3월 문재인은 대학에 복학하였다. 제적당하고 5년 만이었다. 다시 공부하게 되었지만 학내 시위로 연일 시끄러웠다. 각 대학이 날마다 시위를 벌였다. 전두환이 주도하는 신군부가 독재를 연장하려는 음모를 저지하기 위해서였다. 문재인의 대학도 매일 서울역 광장까지 행군을 했다가 학교로 돌아오기를 반복하였다.

날이 갈수록 시위는 더 크게 확산되었다. 그러자 군대가 투입된다는 소문이 나돌았다.

어느 날 믿을 만한 교수가 말했다.

"재인 군, 신군부가 군대를 투입한다는 말이 있네. 빌미(어떤 일을 하기 위한 핑계거리)를 주어서는 안 되네."

문재인을 위해 하는 말이지만 시위를 멈출 수는 없었다.

"군대가 투입된다고? 할 테면 하라지. 그렇다고 해서 멈출 우리도 아니니까."

군대가 투입된다는 소문에도 복학생들은 눈도 깜짝하지 않았다. 민주화를 위해서는 신군부의 독재연장 음모를 막아야만 했기 때문이다. 그런데 시위 경험이 별로 없는 총학생회 회장단은 군대를 투입한다는 소식에 복학생들의 설득에도 불구하고 겁을 먹고 해산했다. 한 번 해산한 학생들은 다시 모이지 못했다.

5월 17일 신군부는 전국에 계엄령(국가 비상사태 시 군사력을 이용하여 사법과 행정을 유지하는 긴급 조치)을 선포했다. 그날 문재인은 여자 친구네 농장이 있는 강화도로 놀러 갔다. 그리고 다 같이 그날 밤 버스를 타고 농장으로 오는 중에 비상계엄이 전국적으로 실시된다는 뉴스를 들었다.

'비상계엄령이라니. 이 무슨 말도 안 되는 얘기야.'

문재인은 비상계엄령이라는 말에 깜짝 놀라 속으로 중얼거렸다.

사람을 먼저 생각하는 문재인

얼마 후 버스가 농장 입구에 멈춰 섰다. 문재인이 버스에서 내리는 순간 갑자기 여러 명의 남자들이 권총을 들이대며 말했다.

"문재인, 꼼짝 말고 있어!"

문재인은 그들이 형사라는 것을 직감했다.

"영장을 보여주세요."

"영장은 없다."

형사는 이렇게 말하며 계엄증을 보여주었다.

여자 친구와 여자 친구 부모님은 놀라서 어쩔 줄 몰라 했다. 문재인은 걱정하지 말라며 안심을 시키고는 차에 태워져, 청량리경찰서 유치장에 수감되었다. 죄목은 계엄포고령 위반이었지만 시위를 못하게 할 구실로 붙잡아 가둔 거였다.

문재인이 구속되기 이틀 전 서울역 광장에서 시위를 하던 도중 경찰저지선을 뚫기 위해 어떤 학생이 버스를 몰고 돌진을 하다 그만 전경을 치고 만 일이 있었다. 그 사고로 전경 1명이 죽고, 4명이 다쳤는데, 사건의 배후 주동자로 문재인을 지목한 것이다. 문재인이 복학생 대표로 시위를 주도했다는 이유에서다.

"문재인, 너 똑바로 말해! 버스를 운전한 학생이 경희대생이 맞지?"

"나는 모르는 일입니다."

"네가 복학생 대표로 시위를 주도했으니 알 것 아냐?"

"글쎄, 나는 모르는 일이라니까요."

경찰의 물음에 문재인은 계속 모른다고 말했다. 하지만 경찰은 그를 사건의 참고인으로 붙잡아 두었다.

계엄령 선포 이튿날 '광주항쟁(1980년 5월 18일 광주시민과 전라남도도민이 일으킨 민주화운동)'이 일어났다.

"신군부는 물러가라!"

"독재연장 음모를 타도하자!"

광주시민들과 전라남도도민들은 시위를 하며 구호를 외쳤다. 수많은 사람들이 하나가 되어 민주화를 요구하였다. 그러자 신군부세력은 군대를 투입해 아무 잘못도 없는 시민들을 폭도로 규정하고 탱크와 총을 앞세워 무자비하게 진압하였다. 이 사건으로 아무 죄도 없는 많은 시민들이 목숨을 잃고 부상을 입었다. 너무도 참혹해 눈 뜨고는 볼 수가 없었다.

5·18 광주항쟁은 우리나라의 역사에 큰 획을 긋는 민주화운동의 산 역사가 되었다. 지금 우리나라가 이만큼 민주화가 될 수 있었던 것은 불의 앞에 굴하지 않고 맞선 정의로운 사람들이 이뤄낸 아름다운 결과이다.

사람을 먼저 생각하는 문재인

문재인은 변호사가 되어서도 불의한 일로 고통받는 사람들을 위해 헌신하였다. 문재인이 이처럼 헌신할 수 있었던 것은 정의를 구현하기 위한 신념에 의해서다.

정의로운 마음 기르기

불의는 언제나 사람들을 불편하게 한다. 옳지 않은 거짓은 거부감을 주기 때문이다. 하지만 정의는 언제나 사람들은 평안하게 한다. 올바른 진실은 사람들의 마음을 감동으로 이끌기 때문이다.

정의를 실현시킴으로써 세계인들에게 감동을 주고 귀감이 되는 대표적인 인물로는 마틴 루터 킹 목사와 체 게바라 등을 들 수 있다.

마틴 루터 킹 목사는 흑인들의 인권을 위해 목숨 바쳐 헌신함으로써 정의가 무엇인지를 온몸으로 보여준 흑인인권운동가이다.

체 게바라는 쿠바의 민주화를 위해 평생이 보장된 의사 직을 버리고 쿠바의 피델 카스트로와 함께 싸운 정의로운 인물이다. 그가 조국 아르헨티나도 아닌 남의 나라의 민주화를 위해 헌신할 수 있었던 것은 독재라는 불의에 맞서기 위해서였다. 그가 행한 정의로운 행동은 세계사의 한 페이지를 장식하였다.

마틴 루터 킹과 체 게바라의 경우에서 보듯 정의는 언제나 옳다. 옳지 않은 것은 정의가 아니다.

다음은 정의로운 마음을 기르는 다섯 가지 법칙이다.

첫째, 검은 것에 가까이 하면 검게 되고, 붉은 것에 가까이 하면 붉게 된다. 불의한 일엔 절대 마음을 두어서는 안 된다.

둘째, 마음을 견고히 해야 한다. 마음이 견고하지 않으면 중심이 흔들려 옳지 않은 일에 빠지기 쉽다.

셋째, 어려운 형편에 놓인 친구나 사람들을 보면 그냥 지나치지 말아야 한다. 정의는 실천을 통해 실현되는 아름답고 숭고한 행위이다.

넷째, 해야 할 일과 하지 말아야 할 일을 분별하는 판단력을 길러야 한다. 판단력이 약하면 불의한 일에 빠지기 쉽다. 이를 반드시 경계해야 한다.

다섯째, 옳지 않은 일을 강요하면 절대 해서는 안 된다. 그것은 자신을 불의한 사람으로 만드는 패악한 일이다.

정의로운 마음을 기르기 위해서는 이 다섯 가지 법칙을 상황에 맞게 실천해야 한다. 불편한 일도 있고, 하기 싫을 때도 있고, 때로는 위험할 때도 있다. 하지만 그래도 해야 한다. 그것이 옳은 일이기 때문이다. 옳은 일은 그 사람의 이름과 함께 영원히 남는다.

이에 대해 핀다로스는 이렇게 말했다.

"정의로운 자의 찬란한 행위는 육신의 고향인 흙 속에 묻히지 않고 살아남는다."

핀다로스의 말은 정의의 본질에 대해 잘 알게 한다.

문재인은 불의를 멀리하고, 친구들에게도 그 누구에게도 피해를 주는 일을 결코 하지 않았다. 또한 돈만 벌기 위해 변호사를 하지 않았다. 억압받고, 어려움에 처한 사람들을 위해 몸을 사리지 않고 도와주었다. 그가 이처럼 실천할 수 있었던 것은 정의가 무엇인지, 왜 사람은 정의로운 사람이 되어야 하는지를 잘 알았기 때문이다.

정의가 살아있는 사회, 정의가 강물처럼 넘치는 사회가 진정한 민주사회이며, 모든 사람이 행복하게 살아갈 수 있는 사회이다.

우리의 청소년 모두는 정의로운 사람이 되어야 한다. 그래야 지금보다 더 나은 사회, 꿈과 미래가 아름답게 꽃피는 사회가 되어 보다 행복하게 살아가게 될 것이다.

사람을 먼저 생각하는 문재인

검은 것에 가까이 하면 검게 되고, 붉은 것에 가까이 하면 붉게 된다. 불의한 일엔 절대 마음을 두어서는 안 된다.

마음을 견고히 해야 한다. 마음이 견고하지 않으면 중심이 흔들려 옳지 않은 일에 빠지기 쉽다.

어려운 형편에 놓인 친구나 사람들을 보면 그냥 지나치지 말아야 한다. 정의는 실천을 통해 실현되는 아름답고 숭고한 행위이다.

해야 할 일과 하지 말아야 할 일을 분별하는 판단력을 길러야 한다. 판단력이 약하면 불의한 일에 빠지기 쉽다. 이를 반드시 경계해야 한다.

옳지 않은 일을 강요하면 절대 해서는 안 된다. 그것은 자신을 불의한 사람으로 만드는 패악한 일이다.

담대한마음은
고통을긍정으로만든다

마음을 담대하게 하기

담대하다는 말은 '배짱이 두둑하고 용감하다'는 뜻이다. 그런 까닭에 담대한 사람은 그 어떤 위급한 상황이나 어려움 앞에서도 두려워하지 않는다. 그 가슴에는 불타는 의지로 가득하고, 용기가 마그마처럼 끓어 넘친다. 담대하고 담대하지 않은 것의 차이는 한 사람의 인생에 절대적으로 작용한다. 같은 난제나 같은 위급한 상황에서도 담대한 사람은 아무렇지도 않게 받아들이는 반면, 소심한 사람은 전전긍긍하며 어쩔 줄을 몰라 한다. 그러다 보니 둘 사이에는 현격한 결과의 차이가 나타난다. 담대한 사람은 긍정적인 결과를 얻을 확률이 높지만, 소심한 사람은 부정적인 결과를 초래할 확률이 높다.

담대한 사람과 소심한 사람은 성격에서 확연히 차이가 난다. 담대한 사람은 강한 마인드를 갖고 있지만, 소심한 사람은 마인드가 약하다. 즉 담대한 사람은 강한 자이고, 소심한 사람은 약한 자이다.

이에 대해 영국의 사상가인 토마스 칼라일은 이렇게 말했다.

"길을 가다 돌을 만나면 강자는 그것을 디딤돌이라고 말하고, 약자는 그것을 걸림돌이라고 말한다."

토마스 칼라일의 말을 보더라도 왜 담대한 마음을 가져야 하는지가 분명해진다.

영국의 영원한 명장, 넬슨 제독은 어린 시절 불우한 가정환경에서 자랐다. 그의 외삼촌은 해군 대령이었는데 어린 넬슨을 돌봐주었고, 넬슨이 자라서 해군에 입대하는 데 도움을 주었다. 처음 얼마 동안은 서인도제도를 항해하고, 북극 탐사를 나섰다 실패를 하는 등 모험을 하기도 했다.

넬슨은 첫 번째 전투를 치르던 중 말라리아에 걸려 우울증의 고통을 겪었다. 하지만 적극적인 마인드로 대망의 꿈을 품고 최선을 다해 주어진 임무를 잘 해나갔다. 열여덟에 대위 시험에 합격하여 서인도제도 전투에 나섰으며, 스무 살에 함장이 되었지만 산후안 전투에서 이기고도 황열병으로 인해 영국군이 거의 전멸을 하는 시련을 겪기도 했다.

그 후 지중해에서의 전투를 거쳐, 상비센터 곶 전투에서 스페인 함대를 물리치고 소장으로 승진하였으며 백작작위를 받았다. 그러나 그가 주요독립부대 지휘관으로서 첫 번째 벌인 전투에서는 참패를 하고 말았다. 설상가상으로 넬슨은 한쪽 팔을 잃고 말았다. 하지만 그는 더 강해졌고, 하는 전쟁마다 승리로 이끌었으며 특히 트라팔가 해전에서 나폴레옹 군대를 격파하여 이름을 크게 떨쳤다.

넬슨이 훌륭한 제독으로 존경받는 것은 부하지휘관들에게 독창적인 전술을 가르쳤고, 부하들을 인격적으로 대해준 그의 인품 때문이었다. 하지만 무엇보다도 가장 돋보이는 장점은 그의 담대함에 있다. 그는 자신이 맡은 전쟁에서 결코 밀리는 적이 없었다. 그는 상대가 그 누구라 할지라도 전혀 두려워하거나 기가 꺾이지 않았다. 그는 '이기는 군대는 우선 이겨놓고 싸운다.'는 손자의 말처럼 전쟁마다 승리로 이끌었던 것이다.

넬슨의 경우에서 보듯 그가 세계 역사에서 위대한 명장으로 길이 남을 수 있는 것은 그의 담대함에 있다. 그는 그 어떤 적에게도 물러서지 않았고, 그 어떤 상황에서도 포기하지 않았다. 담대한 마음은 불가능을 가능하게 하는 참된 용기이다.

고통을 이겨내고 담대한 마음을 기르다

문재인은 시위로 구속되었다 석방된 지 얼마 되지 않아 입영통지서(군대에 입대함을 알리는 증서)를 받았다. 신체검사도 받지 않았는데 나라에서 강제로 군대에 보내려고 한 것이다. 군대에 가면 시위를 할 수 없으니, 시위를 못하게 하기 위해서였다.

보통 사람 같으면 강제로 입대하는 것에 대한 두려움이 컸을 것이다. 하지만 문재인은 담담했다. 남자라면 반드시 가는 군대이니 당당하게 다녀오겠다는 마음으로 군대에 가기로 했다. 마음을 굳게 먹자 두려움이나 불안한 마음이 사라졌다,

문재인은 군대에 입대하는 날 부모님께 큰절을 올렸다.

"아버지, 어머니, 군대 잘 다녀오겠습니다. 몸 건강하세요."

"그래. 힘들더라도 꾹 참고 잘 이겨내거라."

"네, 아버지. 걱정 마세요."

문재인은 아버지의 당부에 힘주어 말했다.

"재인아, 몸 건강해라."

어머니는 아들의 손을 꼭 잡고 말했다.

"네, 어머니. 제 걱정 마시고 건강하셔야 해요?"

"그래. 널 믿는다."

"네, 어머니."

문재인은 집을 떠나 훈련소에 입소하였다.

"너희들은 조국의 부름을 받고 군대에 왔다. 힘들고 어렵더라도 훈련을 잘 받기 바란다. 알겠나?"

"네!"

훈련병들의 우렁찬 목소리로 훈련소가 떠나갈 듯 했다. 문재인은 비로소 군대에 온 실감이 났다.

날씨는 더웠지만 꿋꿋하게 훈련을 받았다. '이까짓 훈련을 이겨내지 못하고서야 어찌 대한민국 남자라고 할 수 있을까.'라고 생각하니 힘든 훈련도 거뜬히 해낼 수 있었다.

훈련을 마치고 바라보는 밤하늘은 참 아름다웠다. 밤하늘을 수놓은 별을 바라보면 온몸과 마음이 산뜻해지는 기분이 들었다.

그렇게 하루하루 훈련을 받다 보니 어느덧 훈련을 마치는 날이

사람을 먼저 생각하는 문재인

되었다. 문재인은 특전사령부에 배치를 받았다. 특전사령부는 규율이 세기로 유명한 공수부대를 말한다. 문재인은 서울에 있는 부대에 가기 위해 군용열차에 몸을 실었다. 기차는 힘차게 달려가기 시작했다. 이제 본격적인 군 생활이 시작된다고 생각하니 새로운 마음이 들었다.

문재인은 서울에 도착하여 부대로 갔다. 또다시 6주 동안 특전훈련을 받았다. 특전훈련은 매우 힘들었다. 훈련을 받다 보면 다치기도 하고 너무 힘들어 포기하고 싶을 때도 많다. 그렇다고 포기할 수는 없었다. 그것은 있을 수 없는 일이며, 자기 자신을 포기하는 것 같았기 때문이다. 문재인은 누구보다도 열심히 훈련을 받았다. 고되고 힘든 훈련을 마치던 날 훈련을 잘 받았다고 표창장까지 받았다. 문재인은 자신이 생각해도 신기했다. 자신이 그렇게 훈련 능력이 좋을지 몰랐기 때문이다.

문재인은 자대(군에서 본래 소속되어 있는 부대)에 배치되었다. 공수부대는 일 년에 반은 부대 안에서 지내고, 반은 밖에서 야영훈련을 하며 지냈다. 야영훈련 중에 가장 대표적인 훈련은 천리 행군이다. 천막과 침낭, 식량 등이 가득 들어 있는 무거운 배낭을 짊어지고 산길을 따라 천리나 되는 먼 길을 9일 동안 행군하여 부대로 돌아오는 훈련이다. 하루에 40킬로미터에서 50킬로미터를 행군하는 것은 상상을 초월할 만큼 매우 힘든 훈련이다. 하지만 문재인은 부대에서 생활하는 것보다 야영훈련을 더 좋아했다. 새소리를 들으며 산길을 걷는 것이 좋았고, 가보지 못한 산과 강을 보고, 마을을 보는 것이 좋아서였다.

그리고 비행기를 타고 높은 곳에서 뛰어내리는 공중낙하훈련도 하는데 낙하훈련은 자칫 실수라도 하는 날엔 목숨을 잃을 수도 있는 매우 위험한 훈련이다. 문재인은 위험한 낙하훈련을 할 땐 즐기는 마음으로 했다. 그래서일까. 낙하산을 펼치고 내려올 땐 가슴이 시원했다. 위에서 내려다보는 풍경은 너무도 멋졌다. 또 바다에서 수중침투훈련도 했는데 그것도 문제없이 잘 해냈다.

문재인은 아무리 힘든 훈련도 즐거운 마음으로 하면 사고 없이 잘 해낼 수 있다는 것을 마음 깊이 깨달았다. 담대하고 긍정적이고 낙관적인 마음도 기를 수 있었다. 그렇게 하루하루를 긍정적으로 지내다 보니 남들이 힘들다고 하는 공수부대 생활을 즐겁게 마치고 제대하였다.

문재인은 군 생활의 경험을 통해 그 어떤 일도 잘 해낼 수 있다는 담대한 마음과 낙관적인 생각과 자신감을 갖게 되었다. 군대에서 배운 경험은 훗날 변호사 일을 할 때도, 청와대에서 일을 할 때도, 또 정치를 하는 데 있어서도 많은 도움이 되었다.

담대한 마음을 기르는 법칙

'대담부적'이란 말이 있다. '대담하여 두려워하지 않고 적을 두지 않는다.'라는 뜻이다. 담대한 마음은 선천적으로 타고나기도 하지만 후천적으로도 얼마든지 기를 수 있다.

청소년기는 아이도 아니고 어른도 아닌 주변인, 즉 경계인으로 마음이 불안정한 시기이다. 급속한 신체의 발달을 보이는 시기이지만 신체의 발달에 비해 정신적으로는 매우 취약하다. 신체와 정신의 부조화로 인해 일탈된 행동을 하기도 하고, 작은 어려움에도 쉽게 포기하는 경향이 있다. 이럴 때 담대한 마음을 기른다면 마음의 안정을 이루게 되고, 그 어떤 어려움이 닥쳐도 피하거나 포기하지 않고 헤쳐 나가는 강한 의지를 보이게 된다. 담대한 마음이 두려움을 없애주고, 용기를 불어넣어주기 때문이다.

다음은 담대한 마음을 기르는 네 가지 법칙이다.

첫째, 마음으로부터 두려움을 없애야 한다. '이걸 내가 어떻게 하지.'라고 생각하면 충분히 할 수 있는 일도 못 하게 된다.

둘째, 어렵다고 해서 포기를 하면 그 어떤 일도 쉽게 포기하게 된다. 아무리 힘들고 어렵더라도 절대로 포기해서는 안 된다.

셋째, 긍정적이고 적극적인 마인드를 길러야 한다. 긍정적이고 적극적인 마음을 갖게 되면 자신감이 크게 향상한다. 자신감은 스스로에게 용기를 심어주는 긍정의 에너지이다.

넷째, 자신이 좋아하는 운동을 정해 꾸준히 하여 몸과 마음을 강화해야 한다. 몸과 마음이 강화되면 그 어떤 일에도 흔들리지 않게 된다.

문재인이 담대한 마음을 갖게 된 것은 몸과 마음을 강하게 단련해서였던 것처럼, '담대한 마음을 기르는 네 가지 법칙'을 반복적으로 꾸준히 실천한다면 담대한 마음을 기르는 데 큰 도움이 된다.

마음으로부터 두려움을 없애야 한다. '이걸 내가 어떻게 하지.'라고 생각하면 충분히 할 수 있는 일도 못 하게 된다.

어렵다고 해서 포기를 하면 그 어떤 일도 쉽게 포기하게 된다. 아무리 힘들고 어렵더라도 절대로 포기해서는 안 된다.

긍정적이고 적극적인 마인드를 길러야 한다. 긍정적이고 적극적인 마음을 갖게 되면 자신감이 크게 향상한다. 자신감은 스스로에게 용기를 심어주는 긍정의 에너지이다.

자신이 좋아하는 운동을 정해 꾸준히 몸과 마음을 강화해야 한다. 몸과 마음이 강화되면 그 어떤 일에도 흔들리지 않게 된다.

CHAPTER 3

자신을 이기는 자가
진정으로 강한 사람이다

자신을이기는자가
진정으로강한사람이다

자신을 이기는 사람

세상에서 제일 강한 사람은 누구일까? 힘이 제일 센 사람일까, 권력자일까, 돈이 많은 사람일까. 물론 이러한 사람들도 경우에 따라서는 강한 사람이라고 할 수 있다. 하지만 진정으로 강한 사람은 자신을 이기는 사람이다.

자신을 이기는 사람은 누가 시켜서도 아니고, 무엇을 바라서도 아니고, 스스로 자신을 위해 힘쓰고 노력하는 자이다.

"스스로 힘쓰고 가다듬어 쉬지 아니하다."

이는 '자강불식'이란 말의 뜻으로 스스로 힘쓰는 일에 열중해야 함을 말한다. 그러면 왜 스스로 강해져야 하는 것일까. 스스로 강해지지 않으면 남에게 짓눌려 경쟁에서 밀려나게 되고, 자신이 원하는 것도 하지 못하기 때문이다. 즉, 스스로를 강하게 단련해야 자신이 원하는 길을 갈 수 있고, 자신이 바라는 것을 이룰 수 있다는 말이다.

그런데 문제는 스스로를 강하게 단련하는 일은 쉽지 않다는 것이다. 그 어느 것보다도 어렵고 힘들다. 하지만 자신이 원하는 길을 가기 위해서는 어렵고 힘들어도 해야 한다. 그렇지 않으면 자신이 원하는 길을 간다는 것은 불가능하다.

"정말로 단단한 칼은 아무리 갈고 닦아도 얇아지지 않는다. 정말로 흰 것은 아무리 검은 물을 들여도 검어지지 않는다. 진정으로 확고한 마음에 품은 신념이란 바로 그런 것이다. 어떠한 유혹이나 역경 앞에서도 절대 흔들리지 않는다."

《논어》에 나오는 말이다. 이 말에서 알 수 있듯 신념이 강하면 어떤 어려움이나 유혹에도 흔들림 없이 자신의 길을 갈 수 있다. 신념이 강한 사람은 목표의식이 뚜렷하고, 강철의지로 무장되어 있어 그 어떤 일에도 우왕좌왕하지 않는다. 언제나 견고하게 자신을 지탱하며 앞으로 나아간다.

하나의 명검을 만들기 위해서는 쇠붙이를 불에 새빨갛게 달궈 망치로 두드리고 찬물에 담그기를 수없이 반복해야 한다. 그렇게 반복하는 가운데 쇠붙이는 더욱 단단해짐으로써 명검으로 거듭나는 것이다.

자신의 신념이 강하다면 문제가 없지만 만일 신념이 약하다는 생각이 들면 자신의 신념을 강화해야 한다. 그렇게 하다 보면 스스로 힘쓰고 가다듬어 스스로를 강하게 단련할 수 있다.

어려움 속에서 더욱 강해지고 단단해진 문재인

문재인은 대학 3학년 때 사법고시 1차에 합격했었다. 그런데 시위를 하느라 제대로 법률공부를 하지 못해 2차 시험을 보지 못했다. 사법고시는 1차 시험에 합격하기도 어렵다. 그런데 시위로 인해 2차 시험을 보지 못한 것은 결국 1차 합격을 아깝게 잃어버린 셈이 되고 말았다.

아쉬움이 남는 일이지만 문재인은 크게 개의치 않았다. 자신이 시위를 한 것 또한 사법고시 못지않게 중요한 일이라고 여겼다. 그리고 다시 공부를 하면 된다고 생각했다.

군에서 제대한 문재인은 대흥사라는 절에서 지내며 고시공부를 했다. 그는 지난 사법고시 때를 생각해서 정말 열심히 공부했다. 공부하다 지치면 산길을 걷기도 하고, 맑은 물에 씻으며 공부에 지친 몸과 마음을 다스려가며 공부에 집중하였다. 하루하루 공부를 하는 만큼 사법고시 합격의 꿈도 커갔다. 그 꿈을 생각하면 한시도 게으름을 피울 수가 없었다. 대흥사는 공부하기 좋은 곳이었으나 그곳의 사정으로 몇 달 만에 떠나야만 했다. 문재인은 몇 달씩 장소를 옮겨가며 공부하였다. 자신만의 집중하기 위한 전략이었다.

열심히 시험을 준비한 끝에 1979년 제1차 사법고시를 보았다. 결과는 당당히 합격이었다. 그리고 다음 해에 있을 2차 시험을 준비하고 있는데 그 해 10월 부마항쟁(1979년 10월 부산과 마산에서 시민과 학생들이 일으킨 유신 반대 시위)이 일어났다. 그리고 박정희 전 대통령이 김재규 중앙정보부장이 쏜 총에 숨지는 사건이 발생했다. 두 달 뒤인 12월 12일에는 신군부의 전두환이 그 일행과 함께 군사 반란을 일으켰다.

계속해서 발생하는 사건으로 인해 문재인은 오롯이 공부에만 집중하기가 힘들었지만 스스로를 다스려가며 공부하였다.

1980년 3월 문재인은 대학에 복학하였다. 제적당하고 5년 만이었다. 다시 공부하게 되었지만 학내 시위로 연일 시끄러웠다. 그러던 중 4월에 2차 사법고시를 보았다. 그러고 나서 민주화운동에 뛰어들었다. 그러나 시위 주동자로 몰려 또다시 구속되었다.

문재인은 구속된 지 3일 뒤 사법고시 2차에 합격했다는 소식을 들었다.

"재인 씨, 사법고시 2차 합격을 축하해요!"

여자 친구의 말에 문재인은 기쁨을 감추지 못했다. 까맣게 잊고 있었는데 합격했다고 하니 그만큼 기쁨이 컸다. 친구들을 비롯해 대학관계자들과 주변 사람들은 그의 합격을 진심으로 축하해 주었다.

마지막 3차 시험은 면접이었다. 면접시험은 신원에 문제만 없다면 모두 합격되었다.

그런데 면접시험을 앞두고 안기부 직원이 찾아왔다. 안기부 직원이 그에게 물었다.

"문재인, 지금도 전에 시위할 때와 생각이 같은가?"

대답하기가 힘들었다. 자신의 생각은 그때나 지금이나 같지만, 만일 같다고 한다면 면접시험에서 불이익을 받을 것 같았기 때문이다. 하지만 문재인은 자신의 생각을 말했다.

"네. 옳다는 생각에는 지금도 변함이 없습니다."

문재인은 자신의 생각에 변함이 없다고 말했다. 그리고 마침내 최종 합격했다는 소식을 듣고 크게 기뻐하였다.

문재인은 변호사가 되어 쉬운 길로 갈 수 있었다. 하지만 그는 인권변호사가 되어 어려운 사람들을 위해 불의에 맞서 변호하였다. 그것이 변호사로서 자신이 해야 할 일이라고 생각한 것이다. 인권변호사를 하며 힘들고 어려운 일도 많았지만 자신이 하는 일에 대해 한 번도 후회하지 않았다.

문재인이 그렇게 할 수 있었던 것은 민주화운동을 하면서 구속되고, 강제로 군대에 보내져 힘들기로 유명한 특전사령부에서 복무를 하면서 더욱 강해지고 단단해졌기 때문이다.

지금의 문재인을 있게 한 것은 시련과 고통이었다. 시련과 고통에 맞서 이겨낸 문재인은 진정으로 강한 사람이다.

고난과 역경에 맞서 이기는 내가 되기

평탄한 길만 가던 사람이 갑자기 가파른 길을 오르려면 쉽지 않다. 늘 평탄한 길로만 다녀 적응을 하기가 힘들어서다. 하지만 가파른 길을 자주 올라 본 사람은 쉽게 올라갈 수 있다. 가파른 길에 적응이 되어서다. 어려움을 자주 겪어 본 사람은 어지간한 어려움은 어려움이라고 여기지도 않는다. 어려움을 겪으면서 스스로 강해졌기 때문이다.

살아가면서 고난과 어려움을 만나지 않으면 좋겠지만, 살다 보면 곳곳에 어려움이 진을 치고 있는 것이 누구나의 삶이다. 성공한 사람들 중엔 수많은 고난과 역경을 겪으면서 꿋꿋하게 이겨낸 사람들이 많다. 이들은 고난과 역경을 피하지 않고 맞서 싸웠다. 고난을 두려워하고 역경을 무서워하면 아무것도 할 수 없다는 것을 잘 알기 때문이다. 성공한 사람들은 고난과 역경을 이겨내고 인생의 승리자가 되었다.

"거대한 나무 안에는 미래를 위한 에너지가 꽉 차 있다는 생각이 문득 떠올랐다. 그런데 이 나무는 하루아침에 거대한 에너지를 얻었을까. 그렇지 않다. 험준한 산은 옆에서 다그치며 자극을 주었다. 산등성이의 흙은 나무를 지탱해 주었으며, 구름은 눈비를 뿌려 성장을 도와주었다. 여름과 겨울을 거듭해서 지내며 넓게 뻗어나간 뿌리 역시 귀중한 양분을 흡수했던 것이다."

이는 토마스 스타 킹이 한 말로, 작은 나무가 거대한 나무로 자라기 위해서는 흙이 있어야 했고, 눈비도 있어야 했고, 뿌리를 통해 귀한 양분도 섭취해야만 했다. 그리고 강한 비바람도 이겨내고 뜨거운 햇살도 이겨내야만 했다. 나무가 이런 과정을 거쳐 에너지 넘치는 거대한 나무로 자라나듯 위대한 인물 또한 주변의 많은 도움과 가르침을 받고, 고난과 역경을 이겨낸 끝에 탄생되는 것이다.

고난과 역경을 이겨낼 수 있다면 그 어떤 상황에서도 자신을 극복하고 자신의 원하는 꿈을 이룰 수 있다,

고난과 역경을 이기기 위해서는 어떻게 해야 할까.

첫째, 고난과 역경은 누구에게나 찾아오는 반갑지 않은 손님과 같다. 그러나 그렇다고 해서 피할 수는 없다. 피하게 되면 고난과 역경에게 짐으로써 자신의 꿈을 이룰 수 없다. 고난과 역경에 맞서 강하게 자신을 단련해라.

둘째, 고난과 역경은 의지가 강하고 신념이 강한 사람에게는 맥을 추지 못한다. 의지를 기르고 신념을 굳건히 해야 한다.

셋째, 어려움을 이겨내고 꿈을 이룬 사람들을 멘토로 삼아 그들이 했던 대로 따라서 해보라. 그것만으로도 훌륭한 공부가 된다. 말은 쉬워도 실천은 어려운 법이다. 하지만 반드시 실천하기 바란다.

넷째, 어려운 사람들을 위해 틈틈이 봉사활동을 하는 것도 고난과 역경을 이겨내는 데 큰 도움이 된다. 봉사활동을 꾸준히 하다 보면 자신을 인내하는 마음을 기르게 된다. 봉사활동은 자신의 의지를 기르는 데 큰 도움이 된다.

"인생이라는 바다에 큰 폭풍우가 몰아칠 때 안전한 해변에서 하나님이 구원해주시지 않을까 하고 가만히 기다리지 말고 몸과 마음을 다해 힘껏 헤쳐 나가라. 칼바람이 불어와 바늘처럼 살을 찌를 때 두꺼운 옷으로 온몸을 가려 그 신성한 힘, 그 신성한 목적을 무시하지 말고 온 신경을 곤두세우며 견뎌내라."

미국의 시인 존 그린리프 휘티어가 한 말로 인생이란 바다에 폭풍우가 휘몰아쳐도 두려워하지 말고 헤쳐 나가야 함을 강조한다. 그러다 보면 반드시 어려움을 극복하게 되고 자신이 원하는 것을 손에 쥐게 된다고 말한다.

인생이란 바다는 누구에게나 똑같이 주어진 바다다. 자신에게만 폭풍우가 휘몰아친다고 생각한다면 인생이란 바다를 건널 수 없다. 인생이란 바다를 건너기 위해서는 무엇보다도 자신과의 싸움에서 지면 안 된다. 지는 순간 그것으로 끝날 수도 있기 때문이다. 하지만 자신을 이겨낸다면 결과는 매우 긍정적으로 나타난다.

문재인이 청소년 시절 가난 속에서도 자신을 강하게 단련해 변호사가 되고 대통령의 꿈을 키워 결국은 이룬 것처럼 자신의 원하는 꿈을 이루고 싶다면 자신을 강하게 단련해야 한다. 참된 인생은 고난을 극복하고 힘써서 얻은 결과에서 더 크게 빛나는 것이다.

고난과 역경은 누구에게나 찾아오는 반갑지 않은 손님과 같다. 그러나 그렇다고 해서 피할 수는 없다. 피하게 되면 고난과 역경에게 짐으로써 자신의 꿈을 이룰 수 없다. 고난과 역경에 맞서 강하게 자신을 단련해라.

고난과 역경은 의지가 강하고 신념이 강한 사람에게는 맥을 추지 못한다. 의지를 기르고 신념을 굳건히 해야 한다.

어려움을 이겨내고 꿈을 이룬 사람들을 멘토로 삼아 그들이 했던 대로 따라서 해보라. 그것만으로도 훌륭한 공부가 된다. 말은 쉬워도 실천은 어려운 법이다. 하지만 반드시 실천하기 바란다.

어려운 사람들을 위해 틈틈이 봉사활동을 하는 것도 고난과 역경을 이겨내는 데 큰 도움이 된다. 봉사활동을 꾸준히 하다 보면 자신을 인내하는 마음을 기르게 된다. 봉사활동은 자신의 의지를 기르는 데 큰 도움이 된다.

소신을지키는것을
목숨처럼 소중히 하기

소신을 지키는 사람

'소신'이란 자신이 옳다고 하는 일엔 그 어떤 반대에도 뜻을 굽히는 않는 강직하고 곧은 마음을 말한다. 소신이 있는 사람을 가리켜 '대쪽 같은 사람'이라고 하는데, 단단한 대나무를 빗대어 이르는 말이다. 소신이 있는 사람은 불의에 타협하지 아니하고, 옳다고 여기는 일엔 목숨까지도 내놓는다. 소신은 곧 그 사람의 목숨처럼 소중한 것이다.

조선 전기 문인이자 문신이며 성리학자, 사상가, 교육자인 김종직. 그는 정몽주에서 길재로, 길재에서 그의 아버지인 김숙자에게로 이어진 학풍을 이어받아 크게 발전시킴으로써 영남학파의 종조가 되었으며 사림파의 시조가 되었다.

김종직은 어린 시절 총명하여 암기에 능했으며 날마다 수천 자씩 글자를 기억해 신동으로 불리었으며, 15세에 이미 시문에 능해 많은 문장을 지었으며 20세 이전에 뛰어난 문장으로 이름을 크게 떨친 것으로 유명하다. 그의 시를 본 어세겸은 크게 감격하여 "나보고 말 채찍을 잡고 하인이 되라 해도 달게 받아들이겠다."고 할 만큼 극찬을 하였다.

김종직은 벼슬길에 올라서도 수많은 제자를 길러냈는데 대표적인 제자로 김굉필, 정여창, 김일손, 손중돈, 이복, 권오복, 남곤, 권경유, 남효온, 조위, 이원, 강희맹 등 일일이 셀 수 없을 정도로 많다. 조선 전기에서 중기로 내려오는 문신들 중 뛰어난 학자들은 대개 그의 학풍을 이어받은 제자들이다. 김종직을 따르는 제자들이 많았던 것은 그의 올곧은 정신과 소신, 뛰어난 학식, 학행의 일치 때문이다. 특히 학문과 행동이 일치한다는 데 많은 사람들이 존경심을 품고 가르침을 받기 위해 몰려들었다.

김종직이 신분과 집안 배경을 가리지 않고 인재를 등용할 것을 진언하자 성종은 그대로 시행했다. 면학 분위기의 장려를 권고하자 전국에 서원, 향교, 서당을 짓는 등 적극적으로 시행하였다. 또한 임금이 먼저 모범을 보여야 한다고 하자 성종은 경연에 자주 참여하였다. 성종은 김종직에게 자신의 금대(金帶)를 선물로 하사하였고, 정치에 크게 관심이 없었던 그가 뜻을 접고 고향으로 내려가자 그에게 세 번이나 간청하여 조정으로 불러들이는 등 극진하게 대했다.

김종직은 옳고 그름에 정확했으며 의리와 믿음을 매우 중요하게 생각하였다. 또한 그는 어느 누구 앞에서도 전혀 주눅 드는 법이 없었다. 김종직의 소신을 잘 알게 하는 이야기이다.

김종직은 1463년에 세조에게 불교에 관해 간언하다가 파직 당했다. 당시 조선은 숭유억불정책으로 유교를 권장하고 불교를 멀리하였다. 그런데 세조가 불교를 가까이하자 김종직은 음양오행 등의 잡학을 장려한다며 극구 반대하다 어려움을 겪기도 했다.

유자광이 경상도 관찰사로 있을 당시 소고대를 바라보고 내려와 학사루의 절경에 감탄하여 시를 짓고 그림을 그렸는데, 시를 현판으로 만들어 학사루에 걸어놓았다. 마침 함양군수로 온 김종직이 학사루에 걸린 유자광의 현판을 떼어내 불태워 버리라고 명하자 이방은 관찰사가 쓴 현판이라 그대로 두는 것이 좋겠다고 말했다.

당시 김종직은 남이 장군을 역모를 꾸몄다고 모함하여 죽인 일로 유자광을 혐오하고 경멸했다. 김종직은 "고매한 선비들의 현판 가운데 어찌 유자광 같은 간신의 작품이 걸릴 수 있느냐"며 현판을 내려 불태워 버리라고 명령했다. 이 소문을 듣고 유자광은 분노했지만 김종직을 상대한다는 것이 상관인 그로서도 어려운 일이라 어쩌지 못하고 속만 태웠다고 한다.

김종직은 대쪽 같은 곧은 절개로 한 번 정한 원칙은 반드시 실행했으며, 자신이 한 말에 대해서는 목숨을 내놓을지언정 번복하는 법이 없었다. 성종이 성군의 길을 갈 수 있었던 것은 김종직에 의지해 그의 혜안에 힘입은 바가 크다 하겠다.

김종직의 경우에서 보듯 자신이 옳다고 여기는 일에는 그가 임금이든 그 누구든 간에 자신의 뜻을 확고하게 펼쳐나가는 정신을 소신이라고 한다. 소신은 그 사람과 동일시할 만큼 중요한 마인드이다. 그런 까닭에 소신이 굳은 사람이 널리 존경받고, 자신의 뜻을 성공적으로 펼칠 수 있는 것이다.

소신 있는 삶을 실천하다

2003년 1월 13일 문재인은 제16대 대통령에 당선된 당시 노무현 당선인의 연락을 받고 그를 만났다.

"문 변호사, 청와대 민정수석을 맡아 주세요."

"민정수석을요?"

문재인은 민정수석을 맡아 달라는 말에 선뜻 대답하지 못했다. 정치도 잘 모르고 국정에 관해서는 아는 바가 없어서였다.

"저, 며칠만 시간을 주십시오."

문재인은 시간을 달라고 했다. 그러자 노무현 당선인이 말했다.

"나를 대통령으로 만들었으니 책임을 져야지요."

문재인은 곧 연락을 드리겠다고 하고는 일주일 내내 고민하다 자신의 결심을 말했다.

"대통령님, 제가 정치를 잘 모르지만 원리원칙을 지키는 일은 할 수 있을 것 같습니다."

"그래요. 문 변호사 뜻 잘 알았으니 소신껏 하세요."

"잘 알겠습니다. 그럼 대통령님 말씀대로 민정수석을 하겠습니다."

"하하하, 이제야 안심이 됩니다."

문재인의 말에 노무현 당선인은 환하게 웃으며 말했다.

문재인은 검찰 출신이 주로 맡았던 민정비서관에 민간인을 발탁하였다. 공직기강비서관도 마찬가지였다. 그리고 사정비서관은 모르는 사람을 발탁하였다. 이 모두는 권위주의 타파를 목적으로 한 새로운 정치 실현을 위한 소신에 의해서이다.

문재인은 업무시간 외에는 자신의 차를 직접 운전하고 다녔다.

"민정수석이 직접 차를 몰고 다니네."

"그러게 말이야."

"민정수석쯤 되면 기사가 모는 차를 타고 다녀야 하는 것 아닌가?"

민정수석인 고위공직자가 기사 없이 자신의 차를 직접 운전한다는 것은 사람들에게 신선한 모습이었다. 그리고 사람들과 함께 대중음식점에서 음식을 먹고, 수행원 없이 혼자 다녔다. 또 다른 사람들처럼 줄을 서서 기다리고, 비행기를 탈 때도 기차를 탈 때도 일반석에 앉았다. 이런 행동은 과거의 고위공직자에게는 찾아 볼 수 없는 일이었다.

문재인은 두 번의 민정수석과 시민사회수석, 비서실장을 하는 동안 개인적인 일에 권력을 남용한 적이 단 한 번도 없었다. 그의 직책 정도라면 얼마든지 개인적인 일에 권력을 이용할 수 있는 힘이 있다. 그러나 그는 그것이 옳은 일이 아니라고 여겨 더 자신을 낮추고 겸허하게 행동하였다.

그뿐만이 아니다. 친구도 만나지 않았다. 동창회나 동문회 등 그 어떤 사적인 모임에도 발길을 끊었다. 혹시라도 있을지 모를 청탁을 사전에 차단한 것이다. 그래서 때로는 친구들이나 주변 사람들로부터 오해를 사기도 했다.

권력의 자리에 있었던 사람들 중엔 비리에 연루되어 구속되는 일이 비일비재하다. 돈을 받고 청탁을 들어주거나 또는 청탁을 하거나 권력을 남용하여 부당한 이익을 취하기 때문이다.

앞의 이야기에서 보듯 문재인은 공적인 일에 있어서나 사적인 일에 있어서나 자신이 세운 원칙을 그대로 실행에 옮겼다. 그 어떤 원칙이든 원칙을 지킨다는 것은 결코 쉽지 않다. 때에 따라서는 자신도 모르게 원칙을 벗어날 수 있기 때문이다.

문재인은 참여정부 기간 동안 4년을 청와대에서 근무했다. 그가 청와대를 나오고 근 10년 다 되어가는 동안 단 한 번도 비리에 연루되거나 의혹을 산 일이 없다. 그만큼 소신 있게 자신의 원칙을 지켜냈기 때문이다.

소신 있는 내가 되기

조선시대의 청백리로 유명한 황희 정승은 영의정이라는 막강한 권력자였다. 마음만 막으면 얼마든지 재물을 탐할 수 있다. 본인은 가만히 있어도 청탁을 하기 위해 많은 사람들이 제 발로 찾아오기 때문이다.

황희 정승은 이를 누구보다도 잘 알고 있었다. 그래서 그 어떤 사람에게도 선물을 받거나 돈을 받지 않았다. 황희 정승은 조정에 나갈 때만 관복을 입고 집에 돌아와서는 바늘로 꿰맨 낡은 옷을 입었으며, 반찬도 두세 가지 정도만 먹었다고 하니 그의 청빈한 삶은 실로 놀라울 정도였다. 황희 정승이 이렇게 청백리의 삶을 살며 존경받았던 것은 그의 소신 때문이다.

청백리의 대명사 중 또 한 사람인 맹사성 역시 청빈하기로 유명하다. 그 또한 어떠한 청탁도 받아주지 않았으며, 자신의 권력을 이용하여 재물을 탐하지 않았다.

이순신 장군은 선조 임금 앞에서도 자신의 소신을 굽히지 않은 것으로 유명하다. 그가 임금의 분노를 산 것은 장군으로서 나라와 백성을 위해 최선을 다한 그의 소신 있는 행동 때문이었다. 이순신 장군은 소신을 지키기 위해 장군직에서 해임되고도 백의종군하였으며, 명량해전을 맞아 12척밖에 안 되는 배를 갖고도 '신에게는 아직 12척의 배가 남았습니다.'라고 말한 것은 장군으로서의 그의 소신을 잘 알게 한다. 그는 12척의 배로 300척이나 되는 왜선을 격퇴함으로써 임진왜란을 승리로 이끌 수 있었다.

소신을 지킨다는 것은 쉽지 않다. 소신을 지키다 보면 소신을 지키지 못하게 방해하는 일들이 너무 많다. 그래서 자신도 모르게 소신을 버리는 행동을 하게 되어 문제가 되기도 한다.

소신을 지키기 위해서는 강한 의지가 필요하다. 다음은 소신을 지키기 위한 세 가지 법칙이다.

첫째, 옳지 않은 일에는 눈길도 주지 말아야 한다. 눈길을 주게 되면 마음이 움직이게 된다. 그러면 의지가 약해져 옳지 않은 일에 빠지게 된다.

둘째, 마음을 강하게 하고 그 어떤 미혹에도 넘어가지 않는 강인한 마음을 길러야 한다. 마음의 뿌리가 튼튼하면 그 어떤 미혹에도 넘어가지 않는다.

셋째, 책임감을 길러 자신이 하고자 하는 일은 반드시 실천에 옮겨야 한다. 책임감 있는 말과 행동은 소신을 기르는 데 큰 도움이 된다.

넷째, 자신만의 원칙을 세워라. 그리고 그 원칙에 따라 철저하게 실행하라. 꾸준히 원칙을 지켜 행하면 습관이 되고, 한 번 습관이 들면 원칙에 따라 소신 있게 행동하게 된다.

"반드시 이겨야 하는 것은 아니지만 진실할 필요는 있다. 반드시 성공해야 하는 건 아니지만 소신을 가지고 살 필요는 있다."

에이브러햄 링컨이 한 말로 이기는 것보다도 성공해야 하는 것보다도 더 소중한 것은 진실함과 소신이라는 것을 잘 알 수 있다. 진실한 사람은 소신을 지키고, 소신을 지키는 사람은 진실하기 때문이다. 링컨이 노예를 해방시킬 수 있었던 것은 사람은 누구나 평등해야 한다는 자신의 소신을 지키기 위해서이다.

문재인이 누구나 할 수 없는 일을 지킬 수 있었던 것처럼 소신 있는 마인드를 길러야 한다. 그래야 자신을 보다 진실 되게 함으로써 행복하고 보람 있게 살아가게 된다.

꿈을 키우는 좋은 생각 10

옳지 않은 일에는 눈길도 주지 말아야 한다. 눈길을 주게 되면 마음이 움직이게 된다. 그러면 의지가 약해져 옳지 않은 일에 빠지게 된다.

마음을 강하게 하고 그 어떤 미혹에도 넘어가지 않는 강인한 마음을 길러야 한다. 마음의 뿌리가 튼튼하면 그 어떤 미혹에도 넘어가지 않는다.

책임감을 길러 자신이 하고자 하는 일은 반드시 실천에 옮겨라. 책임감 있는 말과 행동은 소신을 기르는 데 큰 도움이 된다.

자신만의 원칙을 세워라. 그리고 그 원칙에 따라 철저하게 실행하라. 꾸준히 원칙을 지켜 행하면 습관이 되고, 한 번 습관이 들면 원칙에 따라 소신 있게 행동하게 된다.

참좋은인생의친구는
가장값진보석이다

우정은 보석보다 귀하다

"어떤 벗이 참 벗인지 아닌지를 알아보려면 진지한 원조와 막대한 희생을 필요로 하는 경우가 제일 좋지만 그 다음으로는 방금 닥친 불행을 벗에게 알리는 것이다."

독일의 철학자 쇼펜하우어가 한 말로 참 좋은 벗이란 내가 어려울 때 자신의 일처럼 생각해주는 벗이다. 친구를 위해서라면 자신이 아끼는 것도 아까워하지도 않고, 그 어떤 일도 마다하지 않는 친구라면 최상의 친구라고 해도 좋을 것이다.

그런데 말로는 좋은 친구라고 하면서 막상 친구가 어려움에 처하면 태도를 달리하는 사람들이 많다. 혹시라도 자신에게 손해가 미치지 않을까 하는 생각에서다. 이런 친구는 아무리 많아도 별로 도움이 되지 않는다.

상황이 좋을 때는 좋은 친구처럼 대하다, 상황이 나쁠 때는 다른 모습을 보이는 것은 이중인격자들이나 하는 행동이다. 푸른 소나무처럼 언제나 변함이 없는 친구, 이런 친구가 진정으로 참 좋은 친구라고 할 수 있다.

좋은 친구를 곁에 두고 싶다면 자신의 소중한 것을 나눔은 물론 친구의 어려움을 발 벗고 나서서 도와주어야 한다. 이런 친구를 좋아하지 않을 사람은 어디에도 없다.

영국 수상을 두 번이나 지낸 윈스턴 처칠이 어린 시절 방학을 맞아 시골에 있는 별장으로 놀러갔다. 날씨가 더워 물놀이를 하던 중 발에 쥐가 나는 바람에 꼼짝없이 죽게 생겼다.

"사람 살려! 사람 살려!"

처칠은 큰소리로 도움을 요청했다. 그런데 그때 그의 외침을 듣고 그곳을 지나가던 한 소년이 물로 뛰어들어 위기에 처한 처칠을 구해주었다.

그 일로 둘은 친구가 되었다. 처칠은 소년과의 이야기를 통해 그의 꿈이 의사라는 걸 알게 되었고, 그의 집이 가난하여 의학 공부를 할 수 없다는 것 또한 알게 되었다.

런던으로 돌아온 처칠은 시골에서 있었던 일을 아버지에게 말하고 소년을 런던으로 데려와 공부를 시켜달라고 부탁했다. 처칠의 말을 듣고 그의 아버지는 아들의 생명의 은인인 소년을 런던으로 오게 하여 공부를 시켜주었다. 훗날 처칠은 군인이 되었고, 소년은 의사가 되었다.

그러던 어느 날이었다. 처칠이 전쟁터에서 그만 병에 걸리고 말았다. 생명이 위독하다는 말을 듣고 의사가 된 소년이 전쟁터로 달려왔다. 그는 의식이 가물가물한 처칠에게 주사를 놓았다. 그러자 죽어가던 처칠이 씻은 듯이 나았다. 의사가 된 소년은 얼마 전 연구를 하던 중 푸른곰팡이에서 균을 추출하여 페니실린을 만들어냈다. 그런데 마치 예정된 것처럼 처칠에게 주사를 놓아 그를 살려낸 것이다. 이런 기막힌 우연이 또 있을까. 마치 운명의 끈이 이어주듯 그 둘은 바늘과 실 같은 존재였다.

의사가 된 소년의 이름은 노벨의학상을 수상한 알렉산더 플레밍이다. 플레밍은 두 번이나 처칠의 목숨을 구해 주었던 것이다. 처칠이 두 번이나 살 수 있었던 것은 바로 '의리의 힘'이다. 처칠은 자신을 살려준 소년에게 의리를 지키기 위해 아버지에게 부탁하여 의학 공부를 하게 도와주었고, 그로 인해 위급한 상황에서 살아날 수 있었던 것이다.

처칠이 큰 인물이 될 수 있었던 원동력은 바로 아름다운 우정에 있다. 아름다운 처칠과 플레밍의 우정은 한 사람은 위대한 정치가가, 또 한사람은 위대한 의학자가 되게 했다.

참 좋은 친구를 둔 사람이야말로 진정으로 행복한 사람이다. 참 좋은 친구는 대지를 환히 비추는 태양과 같아 기쁠 때나 슬플 때, 힘들 때나 속상할 때 마음을 밝게 해준다.

노무현과의 만남으로 새로운 역사를 쓰다

문재인은 사법고시 동기인 박정규의 소개로 고 노무현 전 대통령(이하 노무현)을 처음 만나게 된다. 노무현은 부산에서 변호사를 하고 있었다. 대부분 변호사는 개인 사무실을 운영했지만 노무현은 함께 일할 수 있는 변호사를 찾는다고 했다. 변호사들이 함께 법률업무를 전문화, 분업화해야 한다는 생각을 갖고 있었기 때문이다. 문재인은 노무현의 생각이 매우 깨어있다는 걸 알고는 함께 일하기로 하고 부산으로 갔다.

부산으로 간 문재인은 노무현을 찾아갔다.

"처음 뵙겠습니다. 문재인입니다."

"노무현입니다. 만나서 반갑습니다."

노무현은 반갑게 맞아주었다. 문재인은 노무현의 소박한 모습에서 친밀감을 느꼈다. 그는 다른 변호사들과는 느낌이 달랐다. 권위적이지도 않고 소탈하고 솔직했다.

노무현은 판사 출신 변호사로 경험이 풍부했지만 문재인은 이제막 변호사의 길로 접어든 신입이었다. 노무현은 자신의 경험을 들려주고 꿈을 이야기했다. 그리고 이렇게 말했다.

"나는 깨끗한 변호사가 되고 싶습니다. 우리 함께 깨끗한 변호사가 됩시다."

"네. 저도 깨끗한 변호사가 되고 싶습니다."

깨끗한 변호사가 되고 싶다는 노무현의 말은 문재인의 마음을 움직였다. 서울의 대형법률사무소처럼 좋은 대우를 해주겠다는 말도안 했는데 마음이 끌렸던 것이다.

그렇게 〈노무현·문재인 합동법률사무소〉라는 간판을 걸고 변호사로서의 첫 출발을 시작하였다. 노무현은 문재인보다 여섯 살이나 많고 사법고시도 5년이나 선배였다. 그런데도 문재인에게 높임말을 쓰며 존중해주었다. 그리고 일을 하는 데 있어서도 문재인이 능력껏 할 수 있도록 배려하였다.

노무현은 함께 일을 하다 보니 수임(임무나 위임을 받는 일)이 줄었는데도 아랑곳하지 않았다. 그런데다 정당한 수임료 외엔 그 어떤 돈도 받지 않았고, 청탁도 하지 않았다. 깨끗한 변호사가 되고 싶다는 바람대로 원칙을 실천하였다.

노무현은 선배, 후배 변호사에게 신망이 두터웠다. 변호사협회 일은 물론 그 어떤 일에도 몸을 아끼지 않고 열심히 일하는 그를 싫어할 사람은 어디에도 없었다. 노무현의 그런 모습을 보고 문재인은 그가 마음이 참 따뜻한 사람이라는 걸 느꼈다. 그리고 그와 함께라면 일을 잘 해나갈 수 있다는 자신감이 들었다.

문재인은 자신이 원하는 대로 맘껏 일했다. 그러자 생활도 점차 안정이 되었고 하루하루를 보람 있게 생활하였다. 그리고 문재인은 노무현과 함께 인권변호사가 되기로 했다. 노무현은 문재인을 만나기 전에 이미 두 건의 시국 사건을 맡아 그 분야에도 밝았다.

인권변호사는 가난한 사람, 억울한 일을 당해도 힘이 없어 고통을 겪는 사람을 비롯해 법의 사각지대에 있는 사람들을 위해 일하는 변호사로 돈보다는 인간을 사랑하고 존중하는 마음이 있어야만 할 수 있다. 돈벌이도 안 되고 자칫하면 구속될 수도 있는 힘들고 어려운 길을 스스로 선택한 문재인은 그 길이야말로 변호사가 해야 할 일이라고 굳게 믿었다.

노무현과 문재인은 자신들을 필요로 하는 사건은 그것이 어떤 것이라 할지라도 다 받아들여 사건 해결을 위해 열심히 뛰었다. 그러자 참 좋은 인권변호사라고 여기저기 소문이 났다. 문재인은 시국 사건을 맡으며 재야인사(공직을 맡지 않고 활동하는 사람)들을 많이 알게 되었다. 그 사람들은 훗날 큰 자산이 되었다.

문재인은 노무현과 시국 사건뿐만 아니라 재야민주화운동단체가 하는 '공해문제연구소' 이사로 참여했다. 또 민주화운동단체나 인권단체 등 자신의 힘이 필요로 하는 곳은 몸을 아끼지 않고 열심히 일했다.

문재인과 노무현은 열심히 일하면서도 '첫째, 우리 스스로 깨끗하자. 둘째, 시국 사건도 변론뿐만 아니라 재판 절차와 형사소송법의 규정을 관철하기 위해 노력하자'라는 두 가지 원칙을 지키도록 노력했다.

1987년 1월 서울대 학생 박종철이 고문으로 억울하게 숨지는 사건이 발생했다. 이 사건은 국민들을 분노하게 했다. 억울하게 숨진

사람을 먼저 생각하는 문재인

박종철 학생을 위해 전국에서 추도회가 열렸다. 부산에서도 추도회를 열고 문재인은 노무현과 함께 시위를 벌였다.

문재인은 노무현, 김광일 변호사와 함께 경찰에 연행되었고 노무현에게 대표로 구속영장이 청구되었다. 문재인은 이틀 후 풀려났지만 노무현은 영장이 기각(법원이 소송 이유가 없거나 적법하지 않다고 판단하여 무효를 선고함) 되었는데도 풀려나지 않았다. 영장이 기각된 것을 숨기고 재청구를 한 것이다.

"뭐 이런 나쁜 사람들이 다 있어."

이를 알고 화가 난 문재인은 다른 변호사와 함께 따져 물었고 결국 노무현은 석방되었다.

1987년 6월 부산을 비롯한 전국이 민주화 시위로 어수선했다. 정부가 군대를 동원하여 시위를 막는다는 소문이 파다했지만 '군부독재를 타도하자!'라는 민주화를 향한 국민들의 열망을 꺾을 수는 없었다.

마침내 그 해 6월 29일 노태우 정권은 굴복하고 6·29 선언을 하였다. 앞으로는 국민이 직접선거를 통해 대통령을 뽑는 직선제 개헌을 하겠다는 국민과의 약속이었다.

"민주주의 만세!"

"자유와 평화 만세!"

국민들은 만세를 외치며 거리를 행진하였다. 국민의 힘으로 군부 정권을 굴복시키고 민주혁명을 이끌어낸 것이다.

6월 항쟁이 끝나자 이번에는 노동자 시위가 전개되었다. 대우조선 노동자들이 시위를 벌이던 중 경찰이 쏜 최루탄에 사람이 맞아 죽는 일이 발생했다. 이 일로 노무현은 구속되었지만 변호사들이 단결하여 노력한 결과 23일 만에 석방되었다.

노무현은 13대 총선에서 국회의원에 당선되었다.

"당선을 축하드립니다."

"고맙습니다. 문 변호사, 힘이 컸습니다."

문재인의 축하한다는 말에 노무현은 활짝 웃으며 말했다.

5공 청문회가 시작되었다. 노무현은 국회청문회에서 크게 활약하여 이름을 널리 떨쳤다.

문재인은 부산에 남아 변호사로 일했다. 전에는 노무현과 함께 했지만 이제는 혼자 해야만 했다. 그 둘은 각자의 분야에서 최선을 다하며 자신의 영역을 넓혀나갔다.

그리고 노무현은 제16대 대통령 선거에 출마하여 당당하게 대통령에 당선하였다. 문재인은 노무현 의원이 대통령이 되는 데 크게 기여하였다. 그 후 문재인은 청와대에서 노무현 대통령을 보좌하며 함께했다. 노무현이 대통령에서 퇴임하고 나서도 늘 함께였다.

문재인은 고 노무현 전 대통령을 만난 것을 운명이라고 할 만큼 그 둘 사이에는(둘은 여섯 살이나 나이 차이가 남에도 불구하고) 깊은 우정이 강물처럼 흘러내렸다. 기쁠 때나 슬플 때나 그 어느 때나 함께했던 문재인과 고 노무현 전 대통령은 뜨거운 가슴으로 맺어진 참 벗이었다.

참 좋은 우정을 기르기

우정은 보석보다 귀하다. 돈은 있다가 없어지기도 하지만 한 번 맺은 진한 우정은 영원하다. 참 좋은 벗은 혼자만 잘 해도 안 되고 서로가 서로를 자신처럼 아끼고 배려하고 도와주어야 한다.

조선시대 백사 이항복과 한음 이덕형은 다섯 살 나이 차이에도 깊은 우정을 나눈 벗으로 유명하다. 그들은 서로를 진정으로 배려하고 아끼고 우정을 나눴다. 문재인과 노무현을 보면 마치 백사 이항복과 한음 이덕형을 떠올리게 한다.

참 벗을 둔다는 것은 축복과 같다. 하지만 누군가의 참 벗이 되거나 참 벗을 자신 곁에 둔다는 것은 노력이 따라야 한다.

참 벗이 되기 위해서는 어떻게 해야 할까?

첫째, 배려하는 마음을 길러야 한다. 배려하는 마음은 상대의 마음을 따뜻하게 하고 친근감이 들게 한다. 배려의 마음은 사랑의 마음이다.

둘째, 좋은 것은 서로 나누고 부족한 것은 서로 채워주어야 한다. 또한 기쁨은 서로 나누고, 슬픔은 서로 다독이며 위로해주어야 한다.

셋째, 어려운 일은 도와주고, 상대가 힘들 땐 힘든 짐을 나누어 져야 한다. 이런 마음은 상대를 감동하게 하는 참마음이다.

넷째, 친한 사이일수록 예의를 지켜야 한다. 예의를 지키는 마음은 상대에 대한 존중의 마음이다.

다섯째, 서로에 대해 믿음과 신의를 지켜야 한다. 믿음과 신의를 갖게 할 때 서로에 대한 확신을 가짐으로써 우정은 깊이를 더하게 된다.

문재인과 노무현이 그랬듯이 참 벗은 자신의 인생에 큰 자산과 같다. 참 벗이 되기 위해서 앞의 다섯 가지를 마음에 새겨 실천한다면 누군가에게 참 벗이 되고, 그 벗을 곁에 두게 됨으로써 깊은 우정을 간직하며 즐겁고 행복하게 살아갈 수 있다. 참 벗은 영원한 인생의 동지이다.

배려하는 마음을 길러야 한다. 배려하는 마음은 상대의 마음을 따뜻하게 하고 친근감이 들게 한다. 배려의 마음은 사랑의 마음이다.

좋은 것은 서로 나누고 부족한 것은 서로 채워주어야 한다. 또한 기쁨은 서로 나누고, 슬픔은 서로 다독이며 위로해주어야 한다.

어려운 일은 도와주고, 상대가 힘들 땐 힘든 짐을 나누어 져야 한다. 이런 마음은 상대를 감동하게 하는 참마음이다.

친한 사이일수록 예의를 지켜야 한다. 예의를 지키는 마음은 상대에 대한 존중의 마음이다.

서로에 대해 믿음과 신의를 지켜야 한다. 믿음과 신의를 갖게 할 때 서로에 대한 확신을 가짐으로써 우정은 깊이를 더하게 된다.

사람을 먼저 생각하는
참마음 기르기

사람이 가장 중요하다

세상에 소중한 것은 많다. 그중에서도 사람이 가장 소중하다. 사람은 창조주의 형상을 한 위대한 존재이며, 신성한 인격을 가진 존재이기 때문이다. 이에 대해 인도 독립의 아버지인 마하트마 간디는 이렇게 말했다.

"인간은 누구나 하나님의 피조물이다. 누구나 신성한 불멸의 힘을 갖고 있다."

마하트마 간디의 말에서 보듯 사람은 소중하고 귀한 존재라는 것을 알 수 있다. 사람의 소중함을 잘 알았던 간디는 영국의 지배 아래에서 압박받는 민족을 구해내기 위해 목숨을 걸고 독립운동을 하였다. 그 결과 인도는 영국으로부터 독립하게 되었고, 자유와 평화를 누리게 되었다. 간디가 인도 국민들의 추앙을 받고 세계인들로부터 존경받는 것은 사람을 사랑하는 그의 높은 인격에 있다.

20세기의 위대한 성녀로 불리며 평생을 가난하고 병든 사람들을 위해 살았던 마더 테레사 수녀. 그녀가 조국 마케도니아공화국을 떠나 인도 콜카타의 빈민가에서 빈자들의 어머니로 친구로 평생을 살 수 있었던 것은 종교인이기 이전에 사람을 진실로 사랑하는 따뜻한 품성을 지녔기 때문이다.

간디와 마더 테레사 수녀의 경우에서 보듯 사람은 우주 만물의 으뜸이며 인격을 가진 존재로 자유와 평화를 사랑한다. 자유와 평화를 사랑하는 사람은 사람을 소중히 여겨 아끼고 배려하고 자신처럼 소중히 대한다. 사람을 소중히 여기는 마음은 사랑의 마음이다. 사랑의 마음이 가득하면 누구든지 어여삐 생각하게 되고, 자신의 것을 나눠주고, 어려움을 겪는 사람을 보면 자신의 일처럼 도와주려고 한다.

　누군가에게 사랑을 베푼다는 것은 자신을 사랑하는 것과 같다. 남에게 사랑을 베풀어 본 사람은 안다. 내가 누군가에게 받는 사랑도 행복하지만 내가 누군가에게 사랑을 베풀었을 때 더 큰 행복이 다가온다는 것을 말이다.

　"남을 위해 일을 할 수 있었다는 것은 어린 시절부터 나의 최대의 행복이었으며 즐거움이었다."

　이는 고전주의 음악의 완성자이며 낭만주의 음악의 선구자인 베토벤이 한 말로, 남에게 베푸는 사람은 그것이 곧 자신의 즐거움이며 행복이라는 것을 잘 알게 된다.

　베토벤이 사람들로부터 존경받는 것은 그가 악성이라는 칭호를 들을 만큼 위대한 음악가라는 것도 있지만, 그가 진정으로 사람들을 사랑하고 은혜를 베푼 인격자이기 때문이기도 하다.

사람은 그가 누구라 할지라도 사랑받고 존중되어야 한다. 사람은 위대한 영혼을 가진 가장 품격 있는 존재이기 때문이다.

사람을 먼저 생각하는 사람

문재인은 사람을 먼저 생각하는 품성을 지녔다. 그가 인권변호사가 된 것은 사람을 소중히 하는 그의 따뜻한 마음에 있다.

문재인은 변호를 하며 크게 느낀 것이 있었다. 재판을 하는 데 있어 잘못된 관행(예전부터 해오던 대로 함)을 고치도록 하고 싶었다. 그것은 바로 피고인(범죄를 범한 혐의로 법원에 기소된 사람)이 재판을 받을 때 포승줄로 묶고, 수갑을 채우고, 서서 재판 받게 하는 것이었다. 문재인은 아무리 피고인이라고 할지라도 이는 옳지 않다고 여겨 시정할 것을 재판장에게 요구하였다.

"재판장님, 포승줄을 풀어 주십시오."

"수갑을 풀어 주십시오."

"의자에 앉아서 재판을 받게 해주십시오."

재판장은 문재인의 요구를 받아들여 포승줄과 수갑을 풀어주고 대신 교도관이 피고인 옆에 앉게 하였다.

사람을 소중하게 생각하는 문재인의 아름다운 행실은 입소문을 타고 널리 알려졌다. 그러다 보니 시국 사건이나 노동 사건은 물론 사정이 딱한 사람들이 소문을 듣고 찾아와 어려움을 호소했다.

"변호사님, 저의 억울함을 풀어주세요."

"변호사님, 절 도와주시면 은혜를 꼭 갚겠습니다."

찾아오는 사람들이 많다 보니 문재인은 늘 일거리를 집으로 가져가 새벽까지 재판을 준비하곤 했다.

"여보, 그러다 몸 상하겠어요. 건강도 생각해가며 하세요."

늘 일 속에 파묻혀 사는 남편의 건강이 염려가 되어 아내가 말했다.

"걱정 말아요. 내가 좋아서 하는 일이에요."

문재인은 염려 말라며 빙그레 웃으며 말했다.

"그래도요. 건강엔 장사가 없다고 하잖아요."

"내가 누군가에게 작은 힘이라도 된다는 것은 참 감사하고 행복한 일이에요. 행복해서 하는 일은 건강도 지켜줄 거예요. 그러니 너무 걱정하지 말아요."

문재인은 걱정 말라며 아내를 안심시켰다. 자신의 말대로 그는 늘 행복함을 느꼈다.

문재인은 노무현이 했듯이 변호사들을 받아들여 〈법무법인 부산)을 설립했다. 소속 변호사들은 자신에게 맞는 시민 사건, 환경 사건 등을 처리했고 문재인은 노동 사건에 집중하였다. 문재인은 200개가 넘는 노동조합 설립을 도왔다. 그리고 노조조합원들을 위한 순회 법률 상담을 하고 노조간부교육도 했다. 문재인은 노동자들을 도와 문제를 해결할 때 가장 큰 보람을 느꼈다.

문재인에게 잊혀지지 않는 사건이 두 가지 있다.

하나는 '부산 동의대 사건'이다. 동의대 학생들이 도서관에서 농성하던 중에 화재가 발생하여 진압하던 경찰관 4명이 숨지는 사고가 일어난 사건이다. 화염병을 던진 학생에게 사형이 구형되었다. 그동안 문재인이 맡았던 사건 중 사형이 구형된 것은 처음 있는 일이었다. 문재인의 눈에서는 눈물이 흘러 내렸다. 아깝게 목숨을 잃은 경찰관도 불쌍하고, 사형이 구형된 학생도 안타까워서였다. 다행히 구속된 학생들은 복역 중에 형 집행 정지로 한 사람씩 풀려났다.

그리고 또 하나는 '신씨 일가 간첩단 사건'이었다. 간첩으로 유죄 판결을 받은 지 30년 만에 재심 청구를 통해 무죄로 판결이 난 사건이다.

문재인은 변호사로 활동하며 힘든 일도 많았지만, 자신이 하고자 하는 일을 사명감을 갖고 할 수 있어서 참 뿌듯하고 행복했다. 문재인은 시국 사건의 강압 수사를 막기 위해 많은 노력을 하였다. 그리고 노동자인권 문제에도 관심을 갖고 적극 참여하여 억울한 노동자에게 꿈을 찾아주는 일을 그 어떤 것보다도 보람 있게 생각했다.

문재인이 이처럼 할 수 있었던 것은 사람을 진실로 위하고 사람을 먼저 생각하는 그의 따뜻한 품성에 있다. 변호사 활동을 돈을 벌기 위해서나 자신을 알리기 위한 수단으로 한다면 그렇게 할 수 없다.

사람을 소중히 하고 먼저 생각하는 문재인, 그는 진정한 삶의 기쁨과 보람이 무엇인지를 잘 아는 참사람이다.

사람을 먼저 생각하는 내가 되기

사람을 먼저 생각하는 내가 된다는 것은 곧 자신을 위하는 일이다. 앞에서도 말했지만 남에게 사랑을 베풂으로써 자신은 더 많은 행복과 사랑을 받게 되기 때문이다.

이에 대해 글라임은 이렇게 말했다.

"남을 복되게 하면 자신은 한층 더 행복해진다."

많은 사람들이 자신의 행복을 찾아 숨 가쁘게 움직일 때 자신이 아닌 남을 복되게 하라니 이는 수긍하기 어려울 수도 있다. 그러나 곰곰이 생각해보면 그렇지 않다.

여러 분야에서 봉사활동을 하는 사람들과 이야기를 나눈 적이 있다. 그들은 하나같이 "남을 위해 일한다는 것은 곧 나를 위해 일하는 것이다." 라고 말했다. 그들이 그렇게 말한 것은 자신이 행복하기 때문이다. 행복하지 않은 일을 한다는 것은 고통이며 짜증나는 일이지만, 힘들어도 행복하다면 그것이야말로 진정으로 자신을 위하는 일이다.

사람을 먼저 생각하는 내가 되기 위해서는 어떻게 해야 할까?

첫째, 사람은 누구나 소중한 존재라고 여기고, 함부로 말하고 행동하지 말고 친절하게 말하고 행동해야 한다. 그렇게 될 때 습관처럼 사람을 먼저 생각하게 된다.

둘째, 자신의 이익을 위해 사람을 대하지 말아야 한다. 이는 이기적인 마음으로 자신을 그릇되게 하는 일이다.

셋째, 시간이 나는 대로 봉사활동을 하는 것이 좋다. 봉사활동을 하다 보면 참 행복을 느끼게 됨으로써 사람을 먼저 생각하는 마음을 갖게 된다.

넷째, 누군가가 도움을 요청하면 자신의 능력 안에서 도와주어라. 도움을 베푸는 것은 자신의 사랑을 나눠주는 것으로 진정한 기쁨을 얻게 된다. 진정한 기쁨은 참 좋은 행복이다.

사람을 먼저 생각하는 내가 되기 위해서는 이 네 가지를 꾸준히 실천해야 한다. 하는 둥 마는 둥 하면 참된 기쁨과 행복을 느끼지 못한다. 사람을 먼저 생각하는 마음은 자신을 복되고 참되게 하며 가장 아름답고 고귀한 일이다.

꿈을 키우는 좋은 생각 12

사람은 누구나 소중한 존재라고 여기고, 함부로 말하고 행동하지 말고 친절하게 말하고 행동해야 한다. 그렇게 될 때 습관처럼 사람을 먼저 생각하게 된다.

자신의 이익을 위해 사람을 대하지 말아야 한다. 이는 이기적인 마음으로 자신을 그릇되게 하는 일이다.

시간이 나는 대로 봉사활동을 하는 것이 좋다. 봉사활동을 하다보면 참 행복을 느끼게 됨으로써 사람을 먼저 생각하는 마음을 갖게 된다.

누군가가 도움을 요청하면 자신의 능력 안에서 도와주어라. 도움을 베푸는 것은 자신의 사랑을 나눠주는 것으로 진정한 기쁨을 얻게 된다. 진정한 기쁨은 참 좋은 행복이다.

CHAPTER 4

열정을 멈추는 순간
미래의 꿈도 멈춘다

법과 원칙을
지키는 사람이
진정한 민주시민이다

법과 원칙이란 무엇인가

이 사회는 수많은 사람들이 살아가는 공동체이다. 갖가지 직업을 가진 사람들, 각기 다른 환경 속에서 사는 사람들, 배움이 서로 다른 사람들, 서로 다른 생각을 가진 사람들이 공존하는 사회이다. 그러다 보니 서로간의 이해가 어긋날 수도 있어 자칫 불행한 사태가 발생할 수 있다. 이때 법과 원칙이 있으면 불행한 사태를 막을 수 있다.

법은 옳고 그름을 판단하는 잣대이자 저울의 추와 같아서 사회의 균형을 바르게 잡아준다. 옳은 것은 상관없지만 그릇된 것을 그대로 방치한다면 불행한 사태를 맞게 된다. 이것이 법이 반드시 있어야 하는 목적이자 이유이다.

원칙 또한 마찬가지이다. 원칙이란 무슨 일을 할 때 기준이 된다. 이럴 땐 이렇게 하고, 저럴 땐 저렇게 하도록 방향을 잡아준다. 원칙을 지키지 않으면 제멋대로 하게 되고 그러면 모든 것이 중구난방이 되고 만다.

에이브러햄 링컨은 원칙을 잘 지킨 것으로 유명하다. 그가 훌륭한 대통령으로 존경받는 인물이 될 수 있었던 것은 자신이 정한 원칙대로 실천했기 때문이다.

청소년들의 이해를 돕고자 링컨의 원칙을 몇 가지 소개한다.

첫째, 옳은 길을 가는 사람을 지지하라. 그가 옳은 길을 걷는 한 지지하고, 그가 옳지 않은 길로 가면 갈라서라.

둘째, 사실의 옳고 그름을 판단하기 전에 자신의 기준으로 사람을 판단하는 잘못을 저지르지 마라.

셋째, 모든 사람을 일정기간 동안은 속일 수 있다. 한 사람을 영원히 속이는 것도 가능하다. 하지만 모든 사람을 영원히 속일 수는 없다.

사람을 먼저 생각하는 문재인

넷째, 어떤 사람에게도 악의를 품지 말고 모든 사람에 대해서 자부심을 보여야 한다.

다섯째, 타협은 반드시 비겁함을 의미하지는 않는다.

링컨의 원칙에서 보듯 링컨이 왜 성공한 인물이 되었는지를 알 수 있다. 그는 언제나 옳은 일을 생각하고, 정직했으며, 사람들을 선하게 대했으며, 좋은 결과를 얻기 위해서는 타협하는 것을 마다하지 않았다. 링컨의 원칙은 바르게 살고 좋은 삶을 살아가는 데 있어 매우 유익하다는 것을 알 수 있다.

법과 원칙을 지키면 잘못되는 일은 없다. 그러나 법과 원칙을 지키지 않으면 잘못을 저지르게 되어 불행에 빠지게 된다. 법과 원칙은 반드시 지켜야 하는 의무이자 권리이다.

법과 원칙을 소중히 하는 사람

문재인은 법과 원칙을 소중히 하는 사람이다. 법과 원칙을 지키지 않으면 그 어떤 일도 제대로 할 수 없다고 믿기 때문이다. 이에 대한 몇 가지 이야기이다.

문재인은 노무현과 함께 일할 때 '첫째, 우리 스스로 깨끗하자. 둘째, 시국 사건도 변론뿐만 아니라 재판 절차와 형사소송법의 규정을 관철하기 위해 노력하자'라는 두 가지 원칙을 세웠다. 스스로 깨끗하지 않으면 그 어떤 문제도 제대로 해낼 수 없다는 마음에서였고, 재판을 하는 데 있어 잘못된 관행(예전부터 해오던 대로 함)을 고치도록 하고 싶었기 때문이다. 문재인은 자신이 세운 원칙대로 실천하여 많은 사람들에게 힘이 되어주었다.

문재인은 권력기관 개혁을 위한 의지가 확고한 노무현 대통령의 의지를 받들어 최선을 다했다. 국세청의 보복성 세무조사와 표적성 세무조사를 통해 권력을 유지하는 수단으로 삼지 않는 것을 원칙으로 했다. 그리고 이를 철저하게 실천하였다.

또한 사회적 갈등과 문제에 많은 관심을 기울였다. 환경 문제, 방폐장 문제 등을 해결하기 위해 직접 현장을 찾아가 눈으로 보고 확인했다. 그래서 문제로 지적이 되면 해결을 하기 위해 노력했다. 노력하는 과정에서 정부의 잘못이 있으면 사과를 통해 동의를 받아내기도 했다.

문재인은 정부의 방침을 무조건 따라야 한다는 강압적인 자세를 아주 싫어했다. 그것은 국민들의 가슴에 상처를 남기는 일로 생각했다. 힘들어도 찾아가 설득하고, 안 되면 될 때까지 설득해야 문제가 없다고 생각한 것이다.

노동 문제 또한 만만치 않은 일이었다. 문재인은 노조 문제, 불법 파업이 일어날 때마다 문제 해결을 위해 노력했다. 인권변호사 시절 노동 문제를 많이 다뤄본 경험은 노동 문제를 해결하는 데 많은 도움이 되었다.

문재인은 시민사회수석을 맡아 달라는 노무현 대통령의 말에 시민사회수석을 맡았다. 그 이유는 그동안 이라크 파병 문제, 부안 방폐장 문제, 새만금 문제 등을 겪으면서 갈등이 일어 어려움이 있었는데 시민사회가 촛불집회를 열어 대통령의 탄핵을 막아냈기 때문이다. 문재인은 이 일을 통해 시민사회와 더욱 소통해야 한다고 생각했다. 그래야 국민이 원하는 것을 더 잘 해낼 수 있고, 국민 또한 더 많은 힘으로 지지해주리라 믿었다. 그는 시민사회수석을 하면서 정부와 시민사회의 원활한 소통을 위해 많은 생각을 하고 원칙에 따라 그것을 실천으로 옮겼다.

문재인은 대통령 비서실장 취임사에서 이렇게 말했다.

"여러분, 첫째는 참여정부의 성공에 대한 확신과 자부심을 가집시다. 둘째는 대통령 임기가 끝날 때까지 헛되이 하는 날은 없어야

합니다. 셋째는 끝까지 도덕성을 지킵시다."

문재인은 비서실장으로 세 가지 원칙을 세우고 끝까지 최선을 다하자고 직원들을 독려하였다. 그는 일을 하면서 함께 의논해서 결정하지 않아도 되는 일은 각 수석에게 맡겼다. 또 중요한 일들은 수석뿐만 아니라 관련 비서관들을 함께 불러 의견을 듣고 의논하는 과정에서 결론을 내렸다.

문재인은 자신이 세운 원칙을 통해 많은 사람들에게 도움을 주었고, 개인의 이기를 위해 권력기관을 이용하지 않았으며, 환경 문제, 방폐장 문제, 노조 문제, 불법 파업 등 사회적인 갈등을 풀기 위해 직접 찾아가 문제를 해결하였다. 또한 비서실장으로서의 원칙을 정해 그대로 실천함으로써 대통령과 국민에게 누가 되지 않도록 최선을 다했다.

법과 원칙을 지키는 마음 기르기

청소년 때 법과 원칙을 지키는 습관을 들이면 어른이 되어서도 잘 지키게 된다. 물론 어렸을 때부터 습관을 들이면 한층 더 효과적이다. 하지만 청소년기에도 늦지 않다.

길을 가다 보면 빨간 신호등이 켜졌는데도 이를 무시하고 길을 건너는 청소년들을 종종 보게 된다. 신호등을 지키지 않으면 위험이 따르게 되고, 정해진 법과 규칙을 자신도 모르게 지키지 않게 된다. 사소한 일을 무시하게 되면 큰일에도 무감각해진다. 그로 인해 발생하는 피해는 오직 그 자신에게 돌아간다.

법과 원칙을 지키는 데는 크고 작은 일이 따로 없다. 지켜야 할 것은 반드시 지켜야 문제가 생기지 않는다. 법과 원칙은 모두를 위해서 지키는 일이지만 결국은 자신을 위해 지키는 일인 것이다.

법과 원칙을 지키기 위한 네 가지 법칙이다.

첫째, 법과 원칙을 지키기 위해서는 몸과 마음을 바르게 해서 어떤 상황에서도 꼭 지키도록 해야 한다.

둘째, 법을 지키고 원칙을 지키는 일은 때에 따라서는 귀찮을 수도 있다. 그러나 그래도 반드시 지켜야 한다. 그것을 잊을 때 생각지도 못했던 문제가 발생할 수 있음을 알아야 한다.

셋째, 법과 원칙은 자신을 위해 지키는 것이다. 자신을 위해 지키다 보면 모두를 위해 지키는 것이 되고, 사회의 질서를 위하는 일이 된다.

넷째, 법과 원칙을 지키면 나만 손해라는 생각이 들 때가 있다.

'남은 안 지키는데 왜 나는 지켜야 하지.'라는 생각 때문이다. 하지만 그런 생각이 들 때마다 더 지키도록 해야 한다. 왜일까. 나는 이 세상에서 가장 소중하기 때문이다.

법과 원칙을 지키기 위해서는 이 네 가지 법칙을 항상 마음에 담아 실천해야 한다. 그런데 알고도 실천하지 않는 사람들이 많다. 알고도 실천하지 않는 것은 바보나 하는 짓이다.

이에 대해 공자는 다음과 같이 말했다.

"올바른 원칙을 알기만 하는 자는 그것을 사랑하는 자와 같지 않다."

옳은 말이다. 스스로 실천에 옮기는 사람이 되어야 한다. 그것은 자신을 위하는 일이기 때문이다.

이 책을 읽는 청소년 여러분은 법과 원칙을 지키는 아름다운 사람이 되어야겠다.

법과 원칙을 지키기 위해서는 몸과 마음을 바르게 해서 어떤 상황에서도 꼭 지키도록 해야 한다.

법을 지키고 원칙을 지키는 일은 때에 따라서는 귀찮을 수도 있다. 그러나 그래도 반드시 지켜야 한다. 그것을 잊을 때 생각지도 못했던 문제가 발생할 수 있음을 알아야 한다.

법과 원칙은 자신을 위해 지키는 것이다. 자신을 위해 지키다 보면 모두를 위해 지키는 것이 되고, 사회의 질서를 위하는 일이 된다.

법과 원칙을 지키면 나만 손해라는 생각이 들 때가 있다. '남은 안 지키는데 왜 나는 지켜야 하지.'라는 생각 때문이다. 하지만 그런 생각이 들 때마다 더 지키도록 해야 한다. 왜일까. 나는 이 세상에서 가장 소중하기 때문이다.

인간에 대한 예의,
의리를 소중히 하기

의리는 인간에 대한 예의이다

의리는 '사람으로서 지켜야 할 바른 도리'를 말한다. 사람답게 행
해야 할 양심적 규범이라고 할 수 있다. 의리는 친구 간에도, 스승
과 제자 간에도, 부부 간에도, 형제자매 간에도, 직장동료 간에도
반드시 필요하다.

'의리합일'이라는 말이 있다.

중국 춘추전국시대의 학자인 묵자가 한 말로 '의와 이는 하나다. 즉 의로움은 곧 이로움이다.'라는 의미이다. 묵자는 중국의 역사에서 매우 중요한 인물이다. 그는 천민 출신으로 지배 계층을 배격하고 가난하고 힘없는 이들을 대변하며, 인간은 누구나 평등하다는 논리를 펼쳤던 진보적인 사상가이다. 묵자는 인간의 도리란 서로 존중하고 사랑하며, 이익은 서로 나눔으로써 함께해야 한다고 주장했다. 인간으로서 도리를 다할 때 인간의 가치가 바로 서고, 삶다운 삶을 살 수 있다고 주장했다.

묵자의 사상에서 보듯 의리는 사람과 사람 사이에 반드시 지켜야 하는 목숨처럼 중요한 것이다. 그런데 이를 헌신짝 버리듯 하는 이들이 있다. 이는 스스로를 사람들과 격리시키는 행위와 같다. 이런 불완전한 행위에서 벗어나려는 노력이 반드시 필요하다.

한마디로 의리는 '인간에 대한 예의'라고 할 수 있다. 그래서 의리를 잘 지키면 사람과 사람 사이가 물 흐르는 듯 원만하여 행복하게 살아갈 수 있지만, 의리를 지켜 행하지 않으면 사람과 사람 사이가 막히게 되어 서로를 불신하고 원성을 사게 된다.

의리를 잘 지켜 행하는 사람은 양심이 바르고 성품이 곧고 정직하다. 그래서 의리가 좋은 사람은 어딜 가든 거리낌이 없고 사람들로부터 환영을 받는다. 하지만 의리를 지키지 않는 사람은 양심이 비뚤어지고 성품이 간사하고 정직하지 못하다. 이런 사람은 어딜 가든 사람들로부터 원성을 사게 됨으로써 불행한 삶을 살게 된다.

나는 친구와의 사이에 의리가 있는지 없는지를 스스로 판단해보라. 의리가 있다면 어른이 되어서도 사람들과 좋은 인간관계를 통해 자신을 발전해나가는 데 큰 도움이 된다. 하지만 의리가 없다면 사람들과의 불편한 관계로 인해 자신을 발전해나가는 데 제약을 받게 된다.

의리를 소중히 생각하는 사람

문재인과 고 노무현 전 대통령의 사이에는 피보다 진한 우정이 물결쳐 흘렀다. 그 둘의 만남은 문재인이 고백했듯이 '운명'과도 같다. 즉 '하늘이 맺어준 인연'이라는 말이다.

앞에서도 썼듯이 문재인이 고 노무현 전 대통령(이하 노무현)을 만난 것은 그가 변호사를 하던 시절이었다. 당시 노무현은 부산에서 변호사 일을 한 지 5년이 되었을 때고 문재인은 변호사로 막 첫발을 뗀 시기였다. 노무현은 후배인 문재인을 소중한 친구처럼 대해

주었고, 문재인은 그런 그를 믿고 존경하였다. 둘은 뜻이 잘 맞았고, 생각도 같았다. 그러다 보니 함께 인권변호사로서 명성을 날렸다. 노무현이 구속되었을 때 동료 변호사들과 적극적으로 나서서 구속에서 풀려나게 하였으며, 그가 총선에 나갔을 땐 적극 선거운동을 도왔다. 노무현이 5공 청문회에서 스타가 되어 제16대 대통령 선거에 출마했을 때에는 부산과 울산을 오가며 선거운동을 펼쳐 노무현 후보가 대통령에 당선하는 데 크게 기여하였다.

문재인은 정치에 뜻이 없었으나 노무현의 권유로 민정수석이 되어 노무현 전 대통령을 적극 보좌하였다. 노무현 전 대통령이 무엇을 원하는지 눈빛만 봐도 알았으며, 그가 정책을 적극 펼칠 수 있도록 보좌하였다. 민정수석에서 물러나 네팔에서 트레킹 여행을 할 때도 노무현 전 대통령의 탄핵발의 소식을 듣고 한달음에 한국으로 와 탄핵소추가 기각되는 데 크게 기여하였다.

노무현 전 대통령이 퇴임을 하고 나서도 여전히 그의 곁에서 그림자처럼 보좌하였다. 고 노무현 전 대통령이 불의의 사고로 서거하였을 때는 상주로서 마지막까지 최선을 다했다. 그리고 〈사람 사는 세상 노무현 재단〉의 상임이사와 이사장으로 고 노무현 전 대통령의 뜻을 기리는 기념사업에도 적극 관여하여 자신을 아끼고 믿어준 이에 대한 예를 다했다.

이처럼 문재인과 고 노무현 전 대통령 사이에는 의리가 강물처럼 출렁인다. 이는 우정을 뛰어넘은 필연적인 인연 사이에서나 볼 수 있는 참으로 아름답고 고귀한 일이 아닐 수 없다.

문재인은 의리를 소중하게 생각한다. 그가 의리를 소중하게 생각하는 것은 인간의 도리이자 반드시 지켜야 할 예의라고 생각하기 때문이다. 자신의 이익을 위해 의리를 헌신짝처럼 여기는 사람들이 많은 사회에서 문재인이 행한 의리는 귀감이 되기에 전혀 부족함이 없다.

의리는 사람의 목숨처럼 소중하다

"마음은 겸손하고 허탈하게 가져야 한다. 마음이 겸손하고 허탈하면 곧 의리라는 것이 들어와 자리를 잡는다. 마음속에 의리라는 것이 들어와 자리를 잡게 되면, 자연 그 마음속에 허욕이라는 것이 들어가지 못한다."

《채근담》에 나오는 말로 의리는 겸손한 마음에서 싹트는 것이라는 걸 알 수 있다.

문재인의 의리는 바로 그의 겸손함에서 온 것이다. 문재인은 자리에 연연해하거나 물질에 대한 욕심이 없었다. 또한 어떤 일에서든 남을 먼저 배려하고 생각했다. 문재인의 의리와 겸손함은 많은 사람들로부터 신뢰를 얻기에 충분했다.

이처럼 사람들은 의리가 있는 사람을 신뢰하고 좋아한다. 의리가 있는 사람은 속이지 않고 양심적으로 행동한다고 믿기 때문이다.

의리를 지키기 위해서는 어떻게 해야 할까.

첫째, 마음을 겸손히 하고 자신이 한 약속은 반드시 지켜야 한다. 자신이 한 말을 철저히 지키면 의리를 기를 수 있다.

둘째, 타인의 주장이나 인간관계에 휘둘리지 말고, 물들지 말고, 휩쓸리지 말고 본래의 자신을 지켜나가야 한다. 자신의 마음을 강하게 단련해라.

셋째, 의리가 없는 사람은 가까이하지 말아야 한다. 그런 사람을 가까이하다 보면 인간의 본질을 잃게 된다.

넷째, 인간에 대한 예의를 가져야 한다. 예를 지키며 살아가다 보면 사리에 밝아지게 됨으로써 인간의 도리를 지켜 행하게 된다.

다섯째, 의리를 지키며 산다는 것은 때론 외롭고 고독할 때도 있다. 사람들의 마음이 다 내 마음 같지는 않기 때문이다. 그러나 인간답게 살기 위해서는 반드시 의리를 지켜야 한다.

의리를 지키기 위해서는 위의 다섯 가지를 마음에 새겨 실천에 옮겨야 한다.

　한 가지 마음 깊이 새길 것은 의리를 지키며 살기 위해서는 인간관계에 휘둘리지 말고, 어떤 상황에서도 자신의 본분을 잃지 않는 것이 중요하다는 것이다. 또한 부화뇌동하지 말고, 귀가 얇아지지 않도록 해야 한다. 그리고 자신이 옳다고 생각하는 일에서는 절대로 물러서지 말며, 그 누가 아무리 자신을 방해한다고 해도 절대 현혹되어 넘어가서는 안 된다.

　그렇다. 의리를 지키며 산다는 것은 쉬운 일은 아니다. 하지만 반드시 지켜야 하는 인간의 예의이자 도리임을 잊지 말아야겠다.

사람을 먼저 생각하는 문재인

꿈을 키우는 좋은 생각 14

마음을 겸손히 하고 자신이 한 약속은 반드시 지켜야 한다. 자신이 한 말을 철저히 지키면 의리를 기를 수 있다.

타인의 주장이나 인간관계에 휘둘리지 말고, 물들지 말고, 휩쓸리지 말고 본래의 자신을 지켜나가야 한다. 자신의 마음을 강하게 단련해라.

의리가 없는 사람은 가까이하지 말아야 한다. 그런 사람을 가까이하다 보면 인간의 본질을 잃게 된다.

인간에 대한 예의를 가져야 한다. 예를 지키며 살아가다 보면 사리에 밝아지게 됨으로써 인간의 도리를 지켜 행하게 된다.

의리를 지키며 산다는 것은 때론 외롭고 고독할 때도 있다. 사람들의 마음이 다 내 마음 같지 않기 때문이다. 그러나 인간답게 살기 위해서는 반드시 의리를 지켜야 한다.

열정을 멈추는 순간
미래의 꿈도 멈춘다

열정은 나를 키우는 힘

아무리 멋진 최고의 자동차가 있다고 해도 기름이 없으면 단 1cm도 움직이지 못한다. 자동차를 움직이기 위해서는 기름이 있어야 한다.

꿈도 마찬가지이다. 아무리 꿈이 멋지다고 해도 꿈을 이루기 위해 노력하지 않으면 그 꿈은 마음속에서만 머문다. 마음에 꿈이 있다고 해서 꿈이 저절로 이뤄지지는 않는다. 마음속의 꿈을 밖으로 끄집어내어 현실로 이루기 위해서는 실천으로 옮겨야 한다. 실천은 꿈을 이루는 데 있어 매우 중요하다.

왜 그럴까. 하는 둥 마는 둥 하면 그 꿈을 이루지 못한다. 두 번 다시는 하지 못할 것처럼 몸과 마음을 바쳐 죽을 듯이 해야 한다. 그렇게 해도 꿈을 온전히 이루기란 쉽지 않다. 하지만 열정을 바친 꿈은 어떤 모양으로든 현실로 나타나게 된다.

러시아의 작가 톨스토이는 끝까지 열정을 다하는 결과에 대해 다음과 같은 이야기를 전해준다.

한 사람이 보석을 바다에 던져버렸다. 그러나 이내 후회를 하면서 보석을 되찾을 욕심에 국자로 물을 퍼내기 시작했다. 한참 뒤 바다의 신이 나타나 그에게 물었다.

"언제쯤이면 네 보석을 찾을 거라고 생각하느냐?"

그러자 그는 이렇게 말했다.

"이 바닷물을 전부 퍼내면 찾을 수 있다고 생각합니다."

그 대답을 들은 바다의 신은 보석을 건져다가 그 사람에게 주었다.

겉으로 드러나는 결과가 오직 우리의 의지만으로 결정되는 것은 아니나, 끝까지 노력하는 자세는 우리의 몫에 달렸다. 그와 같은 자세로 노력할 때 우리는 적어도 그 노력에 상응하는 좋은 결과를 내면적으로 성취해낼 수 있다.

위의 이야기 속의 주인공은 보석을 찾기 위해 국자로 바닷물을 퍼냈다. 국자로 바닷물을 퍼낸다는 것은 불가능한 일이다. 그도 이 사실을 안다. 하지만 보석을 찾겠다는 열정은 그 무엇으로도 막을 수 없다. 그런데 이때 놀라운 일이 벌어진다. 바다의 신이 그의 말을 듣고 보석을 건져 주었다.

이는 무엇을 의미하는 걸까. 불가능한 꿈도 열정을 갖고 최선을 다하면 보이지 않는 힘이 도와주어 꿈을 이룰 수 있음을 말한다.

그렇다. 자신이 원하는 꿈을 이루기 위해서는 그 어떤 상황에서도 최선을 다해야 한다. 이에 대해 감리교 창시자인 영국의 존 웨슬리 목사는 다음과 같이 말했다.

"할 수 있는 한 최선을 다하라."

꿈을 이루기 위해서는 존 웨슬리의 말처럼 할 수 있는 한 열정을 다 바쳐야 한다.

조용하지만 열정적인 사람

문재인은 어린 시절부터 말수가 적고 조용한 성격이다. 그러다 보니 어른이 되어서도 말수가 적고 성격 또한 조용한 편이다. 말수가 적다 보니 답답한 모습을 보이기도 한다. 그러나 그렇다고 해서 그가 정말 답답한 사람은 아니다. 그것은 겉으로 보이는 것뿐이지 그의 마음속에는 뜨거운 용광로와 같은 열정이 마그마처럼 흐른다.

그가 부산에서 최고의 명문 중학교와 고등학교에 들어간 것이나 민주화운동을 하면서도 사법고시에 합격하고, 사법연수원을 차석으로 졸업한 것은 공부에 대한 그의 열정을 잘 알게 한다.

문재인은 변호사가 되어서도 어려운 처지에 있는 사람들과 노동자들의 권익을 위해 열정을 다 바쳐 도움을 주었다. 청와대에서 일할 땐 자신의 원칙을 지키며 최선을 다했다.

문재인은 대통령이 되거나 정치할 뜻이 없었지만, 시대적 상황에 의해 대통령의 꿈을 갖고 민주통합당이 창당되면서 상임고문으로 선출되었다. 그리고 2012년 부산광역시 사상구에 민주통합당 후보로 출마해 제19대 국회의원이 되었다. 이후 제18대 대통령의 꿈을 안고 전국 13개시도 민주통합당 대통령 후보 경선에서 대통령 후보로 선출되었다. 문재인은 대통령 후보로 선출된 후 이렇게 말했다.

"기회는 평등할 것입니다. 과정은 공정할 것입니다. 결과는 정의로울 것입니다. 저 문재인은 반드시 이 말대로 실천하겠습니다."

이 말엔 진정한 민주주의를 실현하겠다는 그의 강한 의지가 잘 나타나 있다.

'사람이 먼저다!'

'사람이 먼저인 나라!'

'새 시대를 여는 첫 대통령!'

문재인은 이 세 가지 문구를 대선 구호로 하였다. 사람처럼 소중한 존재는 어디에도 없다. 그만큼 국민을 소중하게 생각한다는 뜻이다.

문재인은 선거공약으로 사람이 먼저인 따뜻한 복지국가를 만들어 누구나 고르게 복지 혜택을 받게 하겠다고 했다. 성 평등 사회와 국민이 주인인 정치를 실현시키고, 반값 등록금 실천과 과학기술 발전을 이루고, 문화강국을 만들겠다고 발표하였다. 또 전국이 고루 잘 사는 나라를 만들겠다고 공약했다.

문재인은 무소속으로 출마한 안철수와 단일화에 합의하여 민주 진영 단일 후보가 되었다. 전국은 대통령 선거 유세로 뜨거웠다. 문재인은 전국을 돌아다니며 자신이 대통령이 되면 반드시 국가와 국민을 위한 자신의 뜻을 펼치겠다고 지지를 호소하였다.

"문재인! 문재인!"

문재인을 외치는 사람들은 그가 대통령이 되어 사람 사는 세상을 만들어 주기를 바랐다. 그러나 아쉽게도 근소한 표 차이로 패배하고 말았다. 문재인을 지지했던 많은 사람들이 안타까워했지만 문재인은 절망하지 않았다. 그에게는 다시 도전하면 된다는 꿈이 있었다.

문재인은 국회의원으로 의정 활동을 하며 많은 사람들을 만났다. 그는 자신이 무엇을 어떻게 하면 잘 할 수 있을지를 늘 생각하였다.

2015년 2월 문재인은 새정치민주연합 제2대 당 대표 선거에 당선하였다. 당을 재정비하고 더 나은 당이 되기 위해 노력하던 중에 치러진 재보선 선거에서 패배하였다.

문재인은 당의 혁신을 위해 외부 인사를 영입해 혁신위원회를 설치하였다. 김상곤 전 경기도 교육감을 혁신위원장으로 임명했다. 문재인은 혁신위원회의 10차 혁신안이 당 중앙위원회에서 받아들여지지 않으면 당 대표직에서 물러나겠다고 했다. 그리고 통과되더라도 재신임을 묻겠다고 말했다. 혁신안은 통과되었고 문재인은 재신임 결의에 의해 총선에서 반드시 승리하겠다고 말했다.

그러나 10월 28일 재보선에서 당은 또 패배하였다. 그러자 당내 비주류 의원들이 대표직 사퇴를 요구했다. 이에 문재인, 안철수, 박원순 등이 연대해서 당을 이끌자고 했으나 안철수 의원이 대표직에서 사퇴하고 당 대표를 새롭게 선출하자고 요구하였다. 문재인은 안철수의 요구를 거부하고 총선까지 당 대표를 맡을 것을 밝혔다. 비주류 의원들은 사퇴를 요구했지만 문재인은 강경하게 맞섰다. 안철수 의원은 탈당을 선언하고 당을 나갔다. 안철수는 국민의당을 창당하였다.

문재인은 새정치민주연합을 더불어민주당으로 당명을 바꾸고 초대 대표가 되었다. 그리고 여러 계층의 사람들을 영입하였다. 문재인은 당의 화합을 위해 김종인 전 청와대 경제수석을 영입해 선대위원장에 임명한 뒤 사퇴하였다.

그러나 문재인의 생각과 다르게 진행되었다. 김종인은 공천을 하는 데 있어 문재인을 무시하고 자신의 뜻대로 하였다. 게다가 자신을 비례대표 2번으로 하였다. 이에 비상대책위원들이 문제를 삼자 김종인은 대표직에서 사퇴하겠다고 칩거(외출을 하지 않고 집에만 있음)

하였다. 소식을 듣고 찾아간 문재인의 끈질긴 설득에 다시 비상대책위원회를 맡았다. 문재인은 김종인 대표에게 모든 권한을 위임하였다.

제20대 총선이 시작되자 문재인은 부산 사상구의 더불어민주당 후보를 도우며 당을 위해서 열심히 활동하였다. 그리고 문재인은 광주의 민심을 얻기 위해 광주를 방문하여 자신의 진심을 보여주기 위해 노력하였다. 더불어민주당은 총선에서 크게 승리하며 제1당이 되었다.

문재인은 총선이 끝나고 소록도를 방문하였으며, 5월 18일에는 5·18 광주민주화운동 기념식에 참석하는 등 광주와 호남의 민심을 잡기 위해 분주히 움직였다. 그리고 이어 안동을 방문해 도산서원에 들러 참배하고 민심을 보살폈다. 그리고 독도를 방문하여 경비대원들과 함께 식사를 하며 격려하였다. 8월에는 백령도를 찾아 해병대원들을 격려하고 주민대피소를 살펴보았다. 9월에 경주에서 지진이 발생하자 고리 원자력발전소를 방문하여 이상 유무를 점검하는 등 분주히 민심을 살폈다. 대구광역시를 방문해서는 대구 지하철 참사가 난 중앙로역을 찾아가 참배하였다. 그리고 10월에는 '정책공간 국민성장'의 창립준비 심포지엄을 열었다. 태풍 차바로

울산에 재난이 나자 곧바로 방문하여 시민들을 위로하고 격려하였다. '박근혜-최순실 게이트' 문제가 발생하자 '거국중립내각'을 제안하였다. 하지만 받아들여지지 않았다.

문재인은 각계 원로들을 만나 어려운 시국을 풀 수 있는 의견을 듣는 등 부지런히 움직였다. 대선주자 지지율 여론 조사에서 반기문 전 유엔총장에게 1위를 내어주었다가 다시 탈환한 뒤엔 계속 1위를 달렸다. 그리고 반기문은 대선 출마를 하지 않겠다고 선언하였다.

한편, 국회에서 박근혜 대통령 탄핵소추안이 의결되었다. 2016년 11월 30일 박근혜-최순실 게이트를 조사하기 위해 박영수 특별검사를 임명하였다. 특검은 최순실을 비롯한 김기춘 비서실장 등 이 사건과 관련 있는 사람들을 수사하여 구속하였다.

2017년 3월 10일 헌법재판소의 탄핵심판 선고로 박근혜 대통령이 파면되었다. 그로 인해 대통령이 공석이 되자 중앙선거관리위원회는 대통령 선거일을 5월 9일자로 하는 대통령 선거 공고안을 내었다.

문재인은 더불어민주당 대통령 후보 경선에서 '제19대 대통령 후보'로 선출되었다. 그리고 5월 9일 치러진 제19대 대통령 선거에서 대한민국 제19대 대통령으로 당선되었다.

사람을 먼저 생각하는 그의 마음은 여전히 변함이 없다. 사람을 소중히 하지 않는 사람은 대통령이 될 자격이 없다고 스스로에게 다짐해오곤 했다. 국민을 사랑하고 존중하는 대통령이 되고 싶은 게 문재인의 꿈이다. 나아가 모두가 평등한 사회, 모두가 잘 사는 나라를 꿈꾼다.

문재인은 이처럼 말수가 적고 조용한 성격이지만 안으로는 뜨거운 열정을 품고 있다. 그는 자신의 꿈을 이루기 위해 대한만국 대통령으로서 최선을 다하고자 자신에게 굳게 다짐하고 또 다짐하였다.

열정이 있는 사람은 아름답다

뜨거운 열정으로 노력하는 사람을 보면 꽃보다 아름답다는 생각이 든다. 열정은 긍정적인 마인드에서 오는 '마음의 꽃'이다. 꽃이 향기로 사람들을 기분 좋게 하듯, 열정을 가진 사람은 주변 사람들에게 열정의 향기를 전해준다.

열정은 꿈을 이루는 데 있어 반드시 필요한 요소이다. 하지만 아무리 열정이 강해도 중도에서 포기하면 안 된다. 포기하는 순간 꿈도 멈추게 된다. 꿈을 이룰 때까지 열정의 끈을 놓아서는 안 된다. 해낼 때까지 끝까지 버텨야 한다. 끝까지 해내는 열정만이 꿈을 이루게 한다.

"우리는 모두 원칙을 가지고 살아간다. 어떤 이들은 파괴적인 원칙에 따라 살고 또 어떤 이들은 생산적이고 성공적인 원칙에 따라 산다. 성공한 사람들이 쓴 글을 읽어보면 언제나 공통적인 조언을 찾을 수 있다. '끈질기게 버텨라', '도움을 구하라', '자신의 꿈을 정의하고 그것을 따르라', '반드시 자신과 다른 사람들에게 의미가 있어야 한다', '시간이 얼마 남지 않았다고 생각하며 살아라' 등 모두 비슷한 내용이다. 사실 그 원칙들을 읽고 실천하는 사람은 매우 드물다. 삶은 예전과 같이 그대로이고 그들은 변하지 않는 삶을 보며 그런 원칙들이 쓸모없다고 단정 짓는다. 언제든지 성공의 원칙들을 접했다면 그것을 반드시 실행하라. 나는 그중에서도 '끈질기게 버텨야 한다'는 것을 강조하고 싶다. 자신을 굳게 믿는다면 불가능은 절대 발생하지 않을 것이다. 혼자 힘으로 어려울 땐 주변 사람들을 귀찮게 해도 괜찮다. 먼 훗날 그들도 당신을 응원하는 지지자가 되어 있을 것이다."

이는 미국의 심리학자 바바라 골든이 한 말로 끈질기게 버텨야

성공을 할 수 있다는 말이다.

그렇다. 끝까지 해내는 열정이 결국은 꿈을 이루게 한다.

다음은 열정을 기르는 네 가지 지혜이다.

첫째, 강철의지를 길러야 한다. 의지가 굳은 사람은 무슨 일에서든지 최선을 다한다.

둘째, 무슨 일이든 끝까지 해내는 습관을 길러야 한다. 한 번 들인 습관은 평생을 간다.

셋째, 아무리 힘들고 어려워도 포기를 해서는 안 된다. 포기를 하는 순간 열정은 거품처럼 사라진다.

넷째, 자신이 닮고 싶은 사람을 롤모델로 삼아 그가 했던 것처럼 따라서 해보라. 롤모델은 가장 훌륭한 꿈의 교과서이다.

열정은 아무리 강조를 해도 지나침이 없다. 열정은 꿈을 이루게 하는 가장 훌륭한 마음의 자산이기 때문이다.

지금 당장 자신을 돌아보라. 나는 열정이 있는 청소년인지를.

자신이 생각하기에 열정이 있다면 다행이지만, 그렇지 않다면 '열정을 기르는 네 가지 지혜'를 마음에 담아 몸에 밸 때까지 꾸준히 실천하라.

강철의지를 길러야 한다. 의지가 굳은 사람은 무슨 일에서든지 최선을 다한다.

무슨 일이든 끝까지 해내는 습관을 길러야 한다. 한 번 들인 습관은 평생을 간다.

아무리 힘들고 어려워도 포기를 해서는 안 된다. 포기를 하는 순간 열정은 거품처럼 사라진다.

자신이 닮고 싶은 사람을 롤모델로 삼아 그가 했던 것처럼 따라서 해보라. 롤모델은 가장 훌륭한 꿈의 교과서이다.

부록

꿈의 씨앗이 되는 문재인의 말

문재인 연보

- 사람이 먼저다.

- 기회는 평등할 것입니다. 과정은 공정할 것입니다. 결과는 정의로
  울 것입니다.

- 정치는 타협이다. 그러나 원칙은 타협의 대상이 아니다.

- 원칙은 지키는 것이 가장 중요한 것이다.

- 내가 잘 할 수 있는 일로 사람을 도울 수 있다는 게 늘 행복했다.

- 강물은 좌로 부딪히기도 하고 우로 굽이치기도 하지만 결국 바다
  로 간다.

- 그것이 무엇이든 우리가 받아들여야 할 현실이 있다.

- 세상을 따뜻한 시선으로 보려 했고, 이웃들에게 따뜻한 사람이 되

고자 했다.

• 마음을 모아야 힘을 모을 수 있다.
• 바다로 갈수록 물과 물은 만나는 법이다.

• 역사의 유장한 물줄기 그것은 순리다.

• 돈이 중요하긴 하지만 돈이 제일 중요한 건 아니다.

• 가능하면 혼자서 해결하는 것, 힘들게 보여도 일단 혼자 해결하려
  고 부딪혀 보는 것, 이런 자세가 자립심과 독립심을 키우는 데 많
  은 도움이 됐다고 생각한다.

• 독서를 통해 세상을 알게 되고 인생을 알게 되었다.

• 지금도 나는 책 읽기를 좋아한다. 좋아하는 차원을 넘어 어떨 땐
  활자 중독자처럼 느껴진다.

• 성공은 성공대로 좌절은 좌절대로 뛰어 넘어야 한다.

- 돈에서만 조금 자유로울 수만 있다면 변호사는 참 좋은 직업이다. 어려운 처지에 놓인 사람들을 도울 수 있으니 말이다.

- 자신감보다 강력한 무기는 없다.

- 통합이야말로 정의로운 사회의 결과물이 되어야 한다.

- 자신이 갖고 있는 능력의 일부를 공익이나 공동선을 위해 내놓는 다는 생각을 가져도 좋겠다. 그런 자세는 무엇보다 자기 자신에게 보람 자긍심을 갖게 해준다.

- 우리 국민은 위대하고 대한민국은 강하다.

- 정의가 눈으로 보이고 소리로 들리며 피부로 느껴지는 사회가 되어야 한다.

- 대한민국의 전진은 멈추지 않을 것이다.

- 대한민국 촛불 혁명은 역사상 가장 위대한 시민역사혁명이다.

- 대통령은 부끄러워도 국민은 위대하다.

- 경제에서도 사람이 먼저다.
- 국민이 대통령이다.

- 복지는 미래를 위한 투자이며 동시에 강력한 성장전략이다.

- 권력의 주류는 시민이어야 한다.

- 돈이 먼저가 아니라 사람이 먼저인 나라로 근본적으로 바꾸어야
  한다.

- 사는 게 어려워도 내일에 대한 기대가 있으면 우리는 능히 그 고통
  을 참아낼 수 있다.

- 모든 국민이 사람다운 삶을 살 수 있게 하는 것, 그것이 국가의 의
  미이다.

- 새로운 세상으로 가는 길은 길조차 새로워야 한다고 믿는다.

- 역사의 시계가 지금 중요한 변화를 가리키고 있다.

- 권력은 국민에게서 나온다.

- 우리에게는 열두 척의 배보다 훨씬 막강한 대한민국 국민이 있다.

- 정부가 무한 책임을 지는 책임정부가 되어야 한다.

- 일자리가 성장이고 일자리가 최고의 복지이다.

- 자율과 공정, 혁신과 상생이 우리를 성공으로 이끌 것이다.

- 청년이 살아야 대한민국이 산다.

- 집 걱정은 나라가 해야 한다.

- 위대한 국민의 위대한 대한민국을 만들겠다.

- 촛불 혁명은 정치가 완성해야 한다.

사람을 먼저 생각하는 문재인

- 언제까지나 과거에 머무를 순 없다. 우리가 해야 할 일을 냉정하게
  시작해야 한다.

문재인 연보_

.1953년 경상남도 거제시에서 태어나다

.1965년 남향초등학교 졸업

.1968년 경남중학교 졸업

.1971년 경남고등학교 졸업

.1980년 경희대학교 법학과 졸업

.1980년 제22회 사법고시 합격

.1982년 노무현과 합동법률사무소를 시작하다

.1995년 법무법인 부산 대표변호사

.2001년 노동자를 위한 연대 공동대표

.2003년 대통령비서실 민정수석비서관

.2004년 대통령비서실 시민사회수석비서관

.2005년 대통령비서실 민정수석비서관

.2007년 대통령비서실실장

.2007년 제2차 남북정상회담 추진위원회 위원장

.2010년 사람 사는 세상 노무현 재단 이사장

.2012년 민주통합당 상임고문

사람을 먼저 생각하는 문재인

.2012년 제19대 국회의원

.2012년 제18대 대통령 선거에 출마하다

.2015년 새정치민주연합 당 대표

.2015년 더불어민주당 당 대표

.2017년 제19대 대통령 후보 경선에서 압도적으로 더불어민주당 대통령 후보로 선출되다. 그리고 5월 9일 치러진 제19대 대통령 선거에서 대한민국 제19대 대통령에 당선되다.

사람을 먼저 생각하는
문재인

1판 1쇄 인쇄 2017년 6월 8일
1판 1쇄 발행 2017년 6월 13일

자은이 김옥림
펴낸이 임종관
펴낸곳 미래북
편 집 정광희
본문디자인 디자인 [연:우]
등록 제 302-2003-000026호
주소 서울특별시 용산구 효창원로 64길 43-6 (효창동 4층)
마케팅 경기도 고양시 덕양구 화정로 65 한화 오벨리스크 1901호
전화 02)738-1227(대) ｜ **팩스** 02)738-1228
이메일 miraebook@hotmail.com

ISBN 978-89-92289-94-8   03320